JN070188

大人も子どもも知らない

不都合

13歳からの社会問題入門

な数字

著 チャリツモ

フォレスト出版

まえがき

　みなさん、この本を手に取ってくれてありがとうございます。私たちチャリツモは、社会問題をやさしく、わかりやすく伝えることを目指している会社です。「社会問題」と聞くと、自分には関係のない、遠くの誰かの問題だと感じるかもしれません。しかし、社会問題は、私たちみんなの生活に密接に関わる身近な問題です。

　社会にはたくさんの形があります。
　地域コミュニティ、通っている学校、教室のクラスメイト、勤めている企業、所属する部署、都道府県や市区町村、国、国際社会……。人間が2人以上集まれば「社会」は形成されます。一番小さな社会の単位は「家族」とも言われていて、私たちは1人ではなく、複数の人々によって構成された複数の社会で生きているのです。

　普段はなかなか実感がわかないかもしれませんが、実はそれぞれの社会はつながっていて、お互いに影響しあっています。たとえば、2年前にロシアが小麦生産量世界第3位のウクライナに侵攻したときに、日本でも食料品の価格が上がりました。日本はウクライナから小麦を輸入していたわけではありませんが、世界的な小麦価格高騰の影響から、間接的に食糧価格が上がったのです。自分たちと無関係のように思う、遠くの国の出来事も、私たちの日々の生活とつながっているのです。

　日本という国は、「民主主義」という統治の仕組みを採用しています。民主主義のこの国では、私たち国民一人ひとりが、主権者です。

主権者とは、立法・行政・司法の権力を持ち、この国の統治をする者、つまりこの国のオーナーのことです。私たち一人ひとりがこの国のオーナーとして、日本という国家のあり方や進むべき方向について意見をいう権利を持つと同時に、政治権力の濫用や怠慢を防ぎ、社会を正常に保つ責任を持っているのです。

　この権利を行使し、責任を果たすには、まず、この社会が抱えている問題について知る必要があります。この本では、私たちの社会のさまざまな問題を数字とイラストを使って紹介しようと思います。

　この本で取り上げる社会問題はほんの一部ですが、気になることがあればさらに調べ、友だちや家族、周りの大人と話してみてください。社会問題のとらえ方にも、その解決の方法にも、唯一の正解はありません。そもそも問題だと思わない人もいるでしょう。ときには、価値観の違いから意見が食い違うこともあるかもしれません。そんなときは、違う考えを持つ人とどうすればわかりあえるのかを探る楽しみを見つけてもらえたらうれしいです。

●「不都合な数字」って？　数字とイラストで見る社会問題

　この本では、たくさんの「不都合な数字」を紹介します。不都合な数字とはなんでしょう？　誰にとって不都合なのか、本を読みながら、一緒に考えていきましょう。

　数字を使って社会を見ると、意外なことがわかるかもしれません。たとえば、みなさんの中には、多くの人が大学に進学するのが当たり前だと思っているかもしれませんが、実際には日本人の約半分しか大学に進学していません（2020年時点の大学進学率は、女子50.9%、男子57.7%）。このような統計を見ることで、私たちの個人的な経験や周囲の状況が、実際の社会全体を代表していないことに気づくことができます。数字

を使って社会を見ることで、私たちが普段見逃している多くの側面を発見する手助けになるでしょう。

　数字は社会の問題を明らかにする一方で、慎重に扱う必要があります。時に都合よく改ざんされたり、ミスやいい加減な集計により間違った数字がさも正しいもののように発表されることもあります。

　たとえば、2019年に政府統計の不正が大きな問題になりました。景気の動向を把握し、経済政策を考えるために重要な指標となる厚生労働省の統計が、15年間も歪められていたことが明らかになったのです（参考：厚生労働省の資料「毎月勤労統計調査を巡る不適切な取扱いに係る事実関係とその評価等に関する追加報告書について」）。

　また、数字そのものを変えるのではなく、定義を変えることで印象を操作することもあります。たとえば、貧困率の定義を変えることで、実際の貧困より良い状況に見せかけることができます。

　そもそも、数字の全部または一部が意図的に隠されることもあります。2023年に中国政府が若者の失業率の公表を停止するということがありました。20%ほどで高止まりしていた若者の失業率が中国経済の行き詰まりを表す不都合な数字として隠蔽されたと見られています。

　数字を見るときは、改ざんされたり、操作されたり、都合のよい数字だけが抽出されたりしていないか注意して、批判的な目で見ることが大切です。

　また、数字の意味は、状況によって変わることがあります。たとえば、「3年」が長いか短いかは、それをどうとらえるかによります。3年間の刑務所滞在は長く感じるかもしれませんが、設立して3年目の会社はまだ若いと思われるでしょう。また、「10年」は10代の人には長い期間に思えるかもしれませんが、何十年も生きてきた人にとってはあっという間に感じるかもしれませんし、地球や人類の歴史の中では、10年なんてほんの一瞬です。このように、数字は客観的に見えま

すが、見方によって、多様な解釈ができるものです。

　読者のみなさんは、ぜひ批判的かつ多様な視点を持ちながら、数字の背景をよくよく考えながら読み進めてください。

●ネクストステップ　社会問題を知ったあなたは、これからどう生きる？

　社会問題を考えると、時には圧倒されるかもしれません。

　そんなあなたに向けて、各章末で、さまざまな問題に取り組んでいる5人の若きリーダーたちの話を紹介しています。彼らがなぜ社会の問題に気づき、それを自分ごとにして、問題解決のために活動を始めたのか。そして今も活動し続けるモチベーションは何かといったことを赤裸々に語ってくれています。ぜひ彼らのライフストーリーから学び、自分にできることを考えてみてください。読み進めるうちに、少し疲れてしまったら、飛び越えて章末から読んでも良いですよ。

　また、本の中の数字についても、自分なりの解釈に挑戦してみてください。社会問題を数字とイラストで理解することで、新しい視点が得られるかもしれません。

　数字とイラストで、社会問題について学ぶ旅へようこそ！

＊本書に掲載されている情報は2024年2月現在のものです。

もくじ　大人も子どもも知らない不都合な数字

第1章　日本の子どもや若者の幸福度がわかる数字 —— 若者・教育問題

地球の寿命が縮む数字
—— 環境問題

第3章 ジェンダーギャップ指数125位の数字 —— ジェンダー問題

政治に興味がないとこうなる
という数字 —— 政治問題

第5章 生活に密着している問題の多い数字 —— 生活・健康・労働

第6章 「他者の権利」に関する数字
── 外国人・動物福祉

ブックデザイン　山之口正和+齋藤友貴（OKIKATA）
図 版 作 成　富永三紗子
Ｄ　Ｔ　Ｐ　フォレスト出版編集部

日本の子どもや若者の幸福度がわかる数字

——若者・教育問題

高齢者1人を2.1人の現役世代が支えている

#超高齢社会

　2022年10月時点の日本の総人口は1億2495万人。2008年の1億2808万人をピークに、徐々に減少しています。そのうち65歳以上の「高齢者」は3624万人で、総人口に占める高齢者の割合（高齢化率）は29%です。

2.1人

　一般的に高齢化率が7%を超えると「高齢化社会」、14%を超えると「高齢社会」、21%を超えると「超高齢社会」と呼びます。超高齢社会・日本の高齢化率は世界一。2位のイタリア（24.5%）、3位のフィンランド（23.6%）などを大きく引き離し、独走状態です（2023年時点）。

　日本は戦後、一貫して高齢化が進んでいますが、特に注目するべきはそのスピードです。

　高齢化率が7%を超えてからその倍の14%に達するまでの所要年数は、フランス126年、スウェーデン85年、ドイツ40年、イギリスは46年であるのに対して、日本は7%に達した1970年からたった24年後の1994年に14%に達しました。さらにその25年後の2019年には、14%の倍の28.3%に達しています。

　一方、アジア諸国と比較すると、韓国が18年、シンガポールが17年と、日本よりもハイスピードで高齢化が進んでいる国もあり、今後、

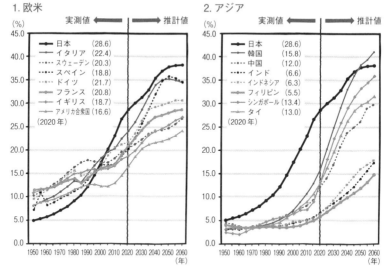

図1-1　世界の高齢化率の推移

*「令和4年版高齢社会白書（全体版）」（内閣府）を基に作成。

世界の高齢化はより急速に進むことが指摘されています。今後どの国も経験するであろう超高齢社会を、日本は先んじて経験しているといえます（図1-1）。

#少子高齢化 #生産年齢 #肩車社会

高齢化が進む原因は、高齢者が増えたからというだけではありません。子どもが生まれる数（出生数）が少なくなる「少子化」も、高齢化を進める大きな要因です。

1949年には年間270万人近くあった日本の出生数は、2022年には約77万人にまで減ってしまいました。日本は、高齢者の増加と少子化という2つの現象の相乗効果でより一層高齢化が進む状況（少子高齢化）にあるのです。

高齢化が進むと、高齢者を支える人々の負担は大きくなります。

社会で主な働き手として想定されているのは15〜64歳までの「生産年齢」といわれる世代の人々です。彼らが働き、納めた税金や公的年金の保険料などが、高齢者の暮らしを支えていますが、高齢化の影響でその負担がどんどん大きくなっているのです。

1950年の日本では生産年齢の働き手12人で高齢者1人を支えていました。それが2020年には2.1人で1人の高齢者を支える状況になっています。さらにこのままだと、2065年には1人の高齢者を生産年齢人口1.3人で支える社会になる予想です。

現役世代1人で高齢者1人を支える「肩車社会」は、すぐそこまで来ています。

参考

● 令和5年版高齢社会白書（全体版）（内閣府、2022年）
https://www8.cao.go.jp/kourei/whitepaper/w-2023/html/zenbun/index.html
● 統計トピックス No.138（統計局、2023年）
https://www.stat.go.jp/data/topics/pdf/topi138_01.pdf

2 日本の合計特殊出生率1.26

#合計特殊出生率　#未婚化　#晩婚化

女性が一生のうち子どもを何人産むのかをはかるための指標としてよく使われるのが「合計特殊出生率」です（図2-1）。これは15歳から49歳までの女性の年齢別出生率を合計したもので、日本では毎年、厚生労働省がその年の合計特殊出生率（期間合計特殊出生率）を発表しています。2022年の合計特殊出生率は1.26でした。

日本の人口規模を維持するために必要な水準は2.07とされていま

1.26

すが、1974年以降ずっと下回ったままです。出生数は1973年の209万1983人を境に減少し始め、2019年に初の90万人割れ、2021年の出生数はさらに減少し約81万2000人で、2022年には一層減少し77万747人、2023年の数字はまだ確定値はでていませんが72.6万人程度だと予想されています。

昨今の日本では、子どもの数が減り、社会に占める子どもの割合が低下する「少子化」がいよいよ深刻なものとなっています。このままだと、子どもや若者が減り、働き手がいなくなり、高齢者を支えることができなくなり、社会を安定的に維持できなくなる可能性もあります。内閣府によると、少子化の原因として考えられるのはおもに「未

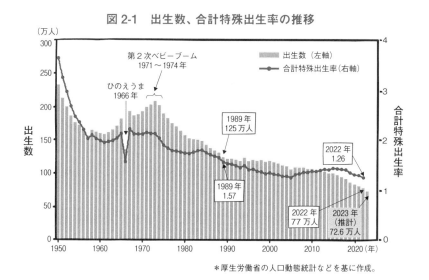

図 2-1　出生数、合計特殊出生率の推移

＊厚生労働省の人口動態統計などを基に作成。

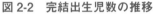

図 2-2　完結出生児数の推移

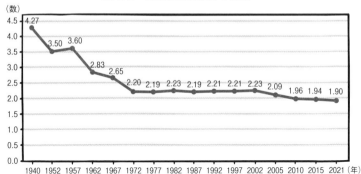

＊国立社会保障・人口問題研究所「第16回出生動向基本調査」(2021年推計)を基に作成。

婚化」や「晩婚化」だといいます。

　先ほど示したとおり、合計特殊出生率はこの半世紀で大きく下がりました。しかし、結婚した女性に限ると、出生率にそれほど大きな変化はありません。結婚から15 〜 19年の夫婦の平均出生子ども数を示す「完結出生児数」という数値を見てみると、1972年の2.2から、2021年の1.9と、下げ幅はわずか0.3(図2-2)。約30年間、ほとんど横ばいの状態が続いています。一方で合計特殊出生率はこの間2.14から1.30と大きく下がっています。結婚した女性に限ってはそれほど変化はないものの、女性全体としては子どもを生む人数が減っている。つまり、そもそも結婚する女性が減っていること（未婚化・非婚化）が少子化につながっているというのです。

　ちなみに、30〜34 歳の女性の未婚率は、1975年には7.7%でしたが、2015年には34.6%まで上昇しています。男性も14.3%から47.1%と大幅に上昇しています。晩婚化も顕著で、平均初婚年齢は40 年前に比べ、女性が4.7 歳上昇し29.4歳に、男性は4.1 歳上昇し31.1 歳になっています。

#少子化

　出生率低下の背景には、未婚化や晩婚化だけでなく、時代とともに

ライフスタイルや価値観が変わってあえて「結婚」を選ばないという人も増えてきたという事情もあるでしょう。しかし一方で、以下のような理由から、子どもを持つことを躊躇(ちゅうちょ)したり、子どもをあきらめたりする人もたくさんいます。

- 非正規労働や低賃金といった労働環境の悪化や、終身雇用や年功序列などの日本型雇用が崩壊したことで、将来への不安感が高まった。
- 女性の場合、出産がキャリアの中断を意味し、職場復帰が難しい。
- 法律婚主義が強く残る日本では事実婚の男女間に生まれた子ども(婚外子、非嫡出子(ひちゃくしゅつし))の権利が十分に認められていない(フランス、スウェーデンなどでは婚外子の割合が出生数全体の50％を超えているのに対し、日本はわずか2.4％〈2020年〉)。
- 夫婦同姓を強要されることなどから法律婚に抵抗がある。
- シングルマザーとなったとき、男性と同じ給与水準の仕事に就くことが難しい(ひとり親世帯のおよそ半数が相対的貧困)。
- 認可保育園の待機児童が解消されずに働きに出られない。
- 教育分野への国の投資が不足していて、教育費の自己負担額が高額であるため、子育てにお金がかかる。(2019年時点のGDP〈国内総生産〉に占める教育機関への公的支出の割合は、OECD〈経済協力開発機構〉平均が4.1％だったのに対して、日本はわずか2.8％。データのある加盟37カ国中36位とワースト2位だった)。

数え挙げたらきりがないほど、問題は山積みです。

結婚をする・しない、子どもを持つ・持たないの選択は人それぞれです。それでも、少子化を国家的な危機としてとらえるならば、少なくとも「産みたい」と思っている人たちが安心して子どもを産み育てられる環境をつくらなければならないでしょう。

とはいえ、この国では1970年代から少子化が始まっていて、人口

減少社会の到来も予測されていました。にもかかわらず、半世紀もの
あいだ少子化に対して十分な対策がなされぬまま、今にいたっていま
す。私たちの社会は、長期的なビジョンを打ち出して、それに向けて
地道に取り組むことがとても苦手です。時代や民意に合わせて、これ
までの制度や慣習を変えることも苦手です。ビジョンを掲げて、変わ
ることのできる社会にするために、あなたはどうすればよいと思いま
すか？

参考

● **令和4年度　少子化の状況及び少子化への対処施策の概況**（こども家庭庁）
https://www.cfa.go.jp/resources/white-paper
● **令和4年度 内閣府委託調査「少子化が我が国の社会経済に与える影響に関する調査」報告書**（子ども家庭庁、2022年）
https://www.cfa.go.jp/assets/contents/node/basic_page/field_ref_resources/097626be-6f2b-41d6-9cc0-71bf9f7d62d5/ff6022b5/20230401_resources_research_other_shakai-keizai_04.pdf
● **1万人女性意識調査 少子化を背景とした女性の子育て意識**（日本財団、2023年5月）
https://www.nippon-foundation.or.jp/app/uploads/2023/05/new_pr_20230523_03.pdf
● **教育機関への公的支出割合、日本はワースト2位…OECDが発表**（読売新聞、2022年10月4日）
https://www.yomiuri.co.jp/kyoiku/kyoiku/news/20221004-OYT1T50131/

3 日本の子ども、身体的な幸福度は世界一。精神的幸福度は世界ワースト2

#精神の幸福度　#生活満足度

　日本には15歳未満の子どもが約1424万人います（2023年）。

　彼らは、幸せな日々を送ることができているのでしょうか？

　ユニセフが先進国38カ国の子どもたちを対象とした調査（2020年）
では、興味深い結果が出ています。

　身体的な健康という観点から見ると、日本の子どもたちは他国と
比べ肥満率が圧倒的に低いことなどから、「身体的な幸福度」は世界

1位にランキングされています。

しかし一方で、精神的な健康を表す「精神の幸福度」は、世界ワースト2位（38カ国中37位）。

日本の子どもたちの総合的な「幸福度」は、38カ国中20位で、真ん中より少し下となっています。

ワースト2位とされた「精神の幸福度」に関する調査項目のうち、生活全般への満足度をたずねた質問に対して、「生活満足度が高い」（10段階中の6以上）と回答した割合は日本の子どもの62%。もっとも数値が高いオランダの90%と比べて、大きな差があります（図3-1）。

調査では、特に家族や周囲の人との関係性が、子どもの幸福度に強く関係していることがわかりました。

「支えてくれる人がいる」と答えた割合を見てみると、幸福度の自己評価が低い子どもは64%で、その他の子どもの93%と大きな開きがあります。また、「自宅で安心感が得られない」と回答した割合は、幸福度の低い子どもで24%、その他の子どもはわずか1%でした。

生活満足度の低さは、単なる一時的な「幸せ」の問題ではありません。イギリスの研究によると、生活満足度の低い子どもはそうでない子と比べて、

- 家庭内不和を報告する割合が8倍
- 意見を表明できないと感じる割合が6倍
- いじめられている割合が5倍
- 学校に行きたくないと感じる割合が2倍以上

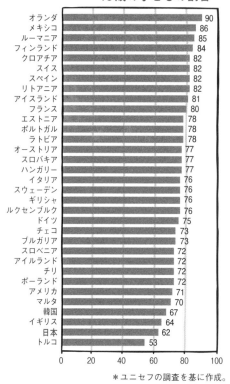

図3-1　生活満足度が高い
15歳の子どもの割合

国	割合
オランダ	90
メキシコ	86
ルーマニア	85
フィンランド	84
クロアチア	82
スイス	82
スペイン	82
リトアニア	82
アイスランド	81
フランス	80
エストニア	78
ポルトガル	78
ラトビア	78
オーストリア	77
スロバキア	77
ハンガリー	77
イタリア	76
スウェーデン	76
ギリシャ	76
ルクセンブルク	76
ドイツ	75
チェコ	73
ブルガリア	73
スロベニア	72
アイルランド	72
チリ	72
ポーランド	72
アメリカ	71
マルタ	70
韓国	67
イギリス	64
日本	62
トルコ	53

＊ユニセフの調査を基に作成。

などの特徴があることがわかっていて、生活満足度と日常的な困難が密接に関わっていることがわかっています。

#社会スキル

この調査では身体的健康・精神的幸福のほかに「スキル」というランキングも設けられています。「学力」の指標である数学・読解力の基礎的習熟度と、「社会的スキル」を身につけている度合いをはかるものです。

そのうち「人間関係構築への自信」を評価した「社会スキル」という項目で、日本はチリについでワースト2。日本の子どもの3割以上が、学校で「友だちを簡単につくれない」と感じていました。

参考

●人口推計（令和5年（2023年）8月確定値、令和6年（2024年）1月概算値）（2024年1月22日公表）（内閣府、2024年）
https://www.stat.go.jp/data/jinsui/new.html
https://www.stat.go.jp/data/jinsui/pdf/202304.pdf
●ユニセフ報告書「レポートカード16」先進国の子どもの幸福度をランキング　日本の子どもに関する結果（ユニセフ、2020年）
https://www.unicef.or.jp/report/20200902.html
●Children aged 10-15 years. The Children's Society, The Good Childhood Report 2013,

4 大学入学者のうち 25歳以上の割合、わずか2.5%

#学び直し　#社会人入試

2.5%

日本では、大学の学部入学者のうち、25歳以上の人の割合が、わずか2.5%（2018年）しかありません。

OECD（経済協力開発機構）加盟国の平均は16%ですから、日本人の社会人入学の割合は先進国平均の6分の1ほど。

諸外国では一度社会に出たあと、再び大学で学ぶ「学び直し」の文化がありますが、日本ではそうした文化はまだ定着していないようです。

　日本でも近年、社会に出てからも学び続ける「リカレント教育」という言葉がよく使われるようになりました。変化の早い時代になったことで、自分の職業に活かせる先端の知識を学ぶ必要が出てきたり、長寿命化した現代で人生をより豊かにするために学び続けることの重要性が認知されてきたのです。

　大学などの各教育機関も少子高齢化を背景に、若年者のみならずよ

り幅広い世代の人に向けたプログラムを提供するようになっています。すでに2015年時点で、全国の大学のおよそ3割弱で社会人向けのプログラムを提供しているという調査結果もあります。

　一見すると学び直しのための環境整備が進んでいるように見えるものの、実際の社会人入学は伸び悩んでいるのが現状です。

#リカレント教育

　では、日本の大人たちに学びの意欲がないのかというと、そんなことはありません。日本の成人3000人を対象に行った意識調査を見ると、社会人になってから「正規課程で学び直しをしたことがある、または現在学び直しをしている」と答えた人が5.8％、「正規課程で学び直しをしたことはないが、公開講座や社会人を対象とした学習プログラムなどの短期の講座で学び直しをしたことがある、または現在学び直しをしている」が9.3％、「学び直しをしたことはないが、今後は学び直しをしてみたい」が29.3％という結果となりました。

　日本でも学びたいと考えている社会人は少なくありません。しかし、それが実際の入学につながっていないのはなぜなのでしょう？　そこには、さまざまな理由がありそうです。

表4-1　日本のリカレント教育の評価

項目	日本のスコア	OECD平均	日本の順位
緊急性の低さ　教育の改善に取り組むことの緊急性の低さ（高齢化・構造変化・国際化の状況等）	0.52	0.58	21位／34カ国中
学習への参画　個人や企業がどの程度、教育に参加・参画しているか（個人・企業の訓練実施率等）	0.43	0.51	26位／32カ国中
包括性　教育の機会がどの程度包括的か（参加者の性別・年齢・雇用形態の多様性）	0.44	0.50	21位／29カ国中
柔軟性　教育機会を柔軟に得ることができるか（時間・距離の制約、遠隔教育の整備等）	0.10	0.45	33位／34カ国中
ニーズ　教育が労働市場のニーズに合致しているか（訓練の有用性、将来のニーズに対応した訓練の実施等）	0.15	0.57	31位／31カ国中
効果　教育の効果がどれだけあるか（賃金リターン等）	0.24	0.52	33位／34カ国中

＊リカレント教育の現状（内閣府）を基に作成。

　OECDが各国の成人教育政策のパフォーマンスを6つの観点から評価した報告書によると、日本のリカレント教育は柔軟性が低く、労働市場のニーズにあっていないため、教育効果が高くないという結果が出ています（表4-1）。

　いつでもどこでも学び直せる環境づくりや、実際に仕事に活きる学びの提供など、社会人の学びを促進する余地はたくさんありそうです。

参考

- ●リカレント教育の現状（内閣府、2021年）
  https://www5.cao.go.jp/keizai2/keizai-syakai/future2/chuukan_devided/saishu-sankou_part4.pdf
- ●生涯学習に関する世論調査（令和4年7月調査）（内閣府世論調査、2022年）
  https://survey.gov-online.go.jp/r04/r04-gakushu/2.html#midashi1
- ●社会人の大学等における学び直しの実態把握に関する調査研究（文部科学省、2015年）
  https://www.mext.go.jp/a_menu/koutou/itaku/__icsFiles/afieldfile/2016/06/02/1371459_03.pdf
- ●Getting Skills Right: Future-Ready Adult Learning Systems（OECD Library、2019）
  https://www.oecd-ilibrary.org/education/getting-skills-right-future-ready-adult-learning-systems_9789264311756-en

5　不登校の小・中学生、**約30万人、31人に1人**の割合

#不登校

　病気や経済的理由以外のなんらかの理由で、年間30日以上学校を欠席している状態を不登校といいます。

　全国の小・中学校を対象にした2022年度の文部科学省の調査では、不登校の子どもが29万9048人いることがわかりました（前年度から22％増え、過去最多）。

　日本の小・中学生のおよそ31人に1人、つまりクラスに1人くらいは不登校の子がいるということです。

　不登校の子どもの数は増え続けています。不登校の小・中学生は、

2012年度の11万2689人から10年間で3倍ちかくに増えました（ちなみにその間、少子化で児童生徒数は約1033万人から約944万人へと、約89万人も減りました）。

文部科学省によると、不登校の要因の過半数を占めるのが「不安・無気力（51.8%）」。その次に多いのが「生活リズムの乱れ、あそび、非行（11.4%）」なのだそう。

学校や家庭に関わる問題としては「いじめを除く友人関係をめぐる問題（9.2%）」や「親子の関わり方（7.4%）」などの理由が多く挙げられています。

近年では、不登校の子どもの存在が特別なものでなくなっています。これまで考えられていた「学校に行くことが当たり前」という常識がもはや通用しない時代になるとともに、不登校に対する政治や行政の対応もすこしずつ変わってきています。

#教育機会確保法　#フリースクール　#不登校特例校

2017年、不登校の子どもたちの支援を進めるための「教育機会確保法」が施行されました。この法律は、不登校の子どもたちが教育を受ける機会を確保するための施策を国や自治体の責務とし、必要な財政上の措置を講じるよう求めたものです。

また、日本の教育を所管する文部科学省は、従来の「学校復帰を前提とした支援のあり方」の見直しに乗り出しました。2019年10月、フリースクールなど学外の施設に通う不登校生を「出席」扱いにしやすくする通知を全国の教育委員会に出したのです。学校に通うことを

「義務教育の原則」としながらも、学外で適切に学習している不登校生もきちんと評価されるように舵を切ったのです。

　ほかにも、2023年に決まった新たな「教育振興基本計画」では、子どもに合わせた特別なカリキュラムを組むことができる「不登校特例校」を5年後までに全国すべての都道府県と政令指定都市に設置し、将来的には全国に300校まで増やすとしています。

　一人ひとりにあった学びの形が選べるように、社会は少しずつ変わろうとしています。

参考

●児童生徒の問題行動・不登校等生徒指導上の諸課題に関する調査結果について（文部科学省、2022年）
https://www.mext.go.jp/content/20231004-mxt_jidou01-100002753_1.pdf
●教育機会確保法と不登校支援施策（独立行政法人教職員支援機構、2020年）
https://www.nits.go.jp/materials/intramural/files/089_001.pdf
●別添3　義務教育の段階における普通教育に相当する教育の機会の確保等に関する法律（平成28年法律第105号）（文部科学省、2017年）
https://www.mext.go.jp/a_menu/shotou/seitoshidou/1380960.htm

6 日本の教員、1週間の労働時間は 小学校で**53時間**、中学校で**57時間**

#労働時間

　日本の教員は“働き過ぎ”だといわれています。

　2018年にOECD（経済協力開発機構）が行った教員の勤務時間調査によれば、日本の教員の労働時間は小学校で週54.4時間、中学校で週56時間。調査に参加した国・地域の中で最長でした（小学校は15の国と地域、中学校は48の国と地域が参加。図6-1、6-2）。

　その後2022年に文部科学省が実施した教員の勤務実態調査による

と、教員の1週間当たりの在校時間は、小学校で52時間47分、中学校で57時間24分。どちらも1日10時間以上と、依然として長時間労働が続いています。また、教員の大半が、国が残業の上限として示す月45時間を超えた残業をしていることもわかりました。

#教員の量的不足と質の低下　#教員の業務範囲の拡大

日本の教員の長時間労働の背景には大きく2つの問題があります。

図6-1　中学校教員の仕事時間の国際比較（1週間当たり）

仕事の合計時間		授業時間の合計	
日本 56時間	参加国平均 38.3時間	日本 18時間	参加国平均 20.3時間

主にOECD加盟国を対象とした調査によると、日本の中学校教員の仕事時間は参加48カ国中最長。にもかかわらず、授業に使う時間は国際平均より少ない。

図6-2　中学校教員の仕事の内訳（1週間当たり）

課外活動		事務業務	
日本 7.5時間	参加国平均 1.9時間	日本 5.6時間	参加国平均 2.7時間
授業計画準備		職能開発	
日本 8.5時間	参加国平均 6.8時間	日本 0.6時間	参加国平均 2.0時間

日本は課外活動（部活など）や事務作業の時間が長い。その反面、職能開発（教員としての技能や知識、専門性、その他の資質を高めるための活動）に使った時間は、参加国中で最短。

＊我が国の教員の現状と課題　TALIS 2018結果より（文部科学省、2019年）を基に作成。

1つ目は「教員の量的不足と質の低下」です。

2012年ごろから全国の教育現場では、1970年代の第2次ベビーブーム時代に大量採用されたベテラン教員たちの定年退職が進んでいます。その穴を埋めるべく教員採用数を増やしてきたものの、受験者数は減る傾向にあり、競争率は下がり続けています。2023年度の公立小学校教員の競争率は、過去最低の2.3倍でした（図6-3、6-4）。

ベテラン教員が次々に退職したあとの現場を、わずかな中堅教員たちが、大量の若手教員を育てながらなんとか回している状況です。

長時間労働のもう1つの原因が「教員の業務範囲の拡大」です。2020年に施行された新学習指導要領により小学校の教育現場でも「英語教育」や「プログラミング教育」などの新たな取り組みが取り入れられました。

文部科学省が掲げる「生きる力」を育む教育の中では、今後さらに重視していく内容として"情報教育"や"道徳教育"、"消費者教育"や"主権者教育"など「○○教育」というキーワードが12個も挙げられ

図6-3　総計：公立学校の受験者数・採用者数・競争率の推移

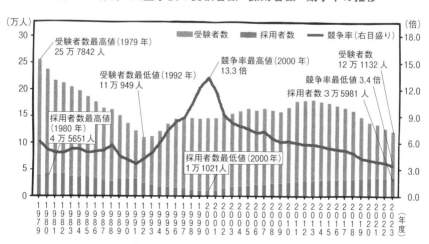

＊「総計」は小学校、中学校、高等学校、特別支援学校、養護教諭、栄養教諭の合計。
＊文部科学省のデータを基に作成。

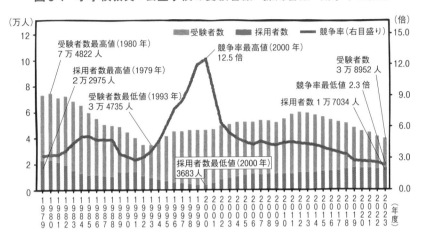

図6-4　小学校教員：公立学校の受験者数・採用者数・競争率の推移

＊「総計」は小学校、中学校、高等学校、特別支援学校、養護教諭、栄養教諭の合計。
＊文部科学省のデータを基に作成。

ていて、教員の業務範囲の拡大が見て取れます。

　そもそも、子どもたちの登下校から部活動の指導まで、教員は朝から晩までやるべきことがいっぱいです。本来は彼らが担う必要がないような業務まで、すべて教員が背負わされていて、教育現場はガマンの限界をとっくに超えています。

　業務負担が多すぎて長時間労働が常態化した「教員」という仕事は学生たちに忌避され、優秀な若手人材が確保できません。すると自分の生徒の指導だけでなく、若手をフォローしなければならない中堅教員が疲弊し、心を病んだり、ドロップアウトしてしまう。それにより現場の過酷さは増し、さらに教員のなり手が減っていく……そんな悪循環が起きているのです。

　教育現場が崩壊する前に、教員の過重な業務負荷を減らさなければなりません。

参考 ....

●令和4年度（令和3年度実施）公立学校教員採用選考試験の実施状況のポイント（文部科学省、2022年）

https://www.mext.go.jp/content/20231225-mxt_kyoikujinzai02-000024926_1.pdf
● 我が国の教員の現状と課題 – TALIS 2018結果より –（文部科学省、2019年）
https://www.mext.go.jp/component/b_menu/other/__icsFiles/afieldfile/2019/06/19/1418199_1.pdf
● 教員勤務実態調査（令和4年度）の集計（速報値）について（文部科学省、2023年）
https://www.mext.go.jp/content/20230428-mxt_zaimu01-000029160_2.pdf
● 平成29・30年改訂 学習指導要領 リーフレット（文部科学省、2020年）
https://www.mext.go.jp/component/a_menu/education/micro_detail/__icsFiles/afieldfi
le/2019/02/14/1413516_001_1.pdf

子どもの虐待死、一番多いのは
「0歳0カ月0日」

#10代の若者 #外国籍の母親

　2021年度、日本国内で虐待により死亡した子どもは74人。そのうち心中により死亡した子どもは24人でした。

　心中以外による虐待死をした50人の子どものうち、亡くなった年齢で最多だったのは0歳児の24人（48%）。

　子どもの虐待死のケースでは、0歳児の中でも、とりわけ生まれたその日（日齢0日）に亡くなる子どもの割合が多いことがわかっています。

　厚生労働省が2007年から2021年までの15年間の子どもの虐待死を調べたところ、亡くなった747人のうち、28.6%に当たる214人が0歳児で、そのうち過半数の127人が日齢0日で亡くなっていました。

　日齢0日児の虐待死が多いことは、さまざまな困難を抱えた出産が

31

虐待死につながっていることを示唆しています。社会の中には、10代での若年妊娠や、思いがけない妊娠、性被害の結果身ごもってしまったケースなど、妊娠したことを誰にも相談できないでいる妊婦が少なくありません。

　誰にも打ち明けられないまま妊娠が進行してしまうと、病院で必要な検査を受けず、行政などの支援も得られぬまま、孤立出産にいたります。そうしたケースが赤ちゃんの虐待死につながることが、ままあるのです。厚労省の調査によると、過去20年間で虐待死した日齢0日児176人のうち医療機関で生まれたケースは1つもありません。母親たちは自宅のトイレや風呂場などで、たった1人で出産（孤立出産）をしていたのです。

#孤立出産　#性教育　#特別養子縁組

「孤立出産」や「日齢0日児の虐待死」の背景には、私たちの社会が抱えるさまざまな課題があります。

　性教育が不十分であることや緊急避妊薬（アフターピル）を手に入れるのが困難なこと、人工妊娠中絶の経済的なハードルが高いこと、経口避妊薬も含めて人工妊娠中絶の際に配偶者の同意が求められるために女性が自分ひとりで決められないといった制度上の問題があります。妊娠や中絶に対する社会の強いタブー意識や自己責任論もまた、妊婦が助けを求める声を上げづらくしています。

　また、思いがけない妊娠などで生みの親が子どもを育てられない場合、生まれた子どもを養親が引き取る「特別養子縁組」という仕組みの周知も課題です。特別養子縁組は家庭に恵まれなかった子どもの命を救い、温かい家庭の中で健やかに育つ環境を用意するために1988年にスタートした制度です。制度ができてからすでに35年以上が経ちましたが、いまも救われない子どもの命があります。

　少子化が国難となっている日本は、「産めよ殖やせよ」といわんば

かりに出生数を増やすことにやっきになっています。しかし、実際に生まれた子どもたちは、幸せに生きることができているでしょうか？

今も生まれて間もなく消えていく命があります。すべての命が安全に、健やかに育つことができるようサポートするのは、社会の責任です。

参 考

● こども虐待による死亡事例等の検証結果等について（第19次報告）（こども家庭庁、2023年）
https://www.cfa.go.jp/councils/shingikai/gyakutai_boushi/hogojirei/19-houkoku
● 「こうのとりのゆりかご」第5期検証報告書（熊本市、2021年）
https://www.city.kumamoto.jp/hpKiji/pub/detail.aspx?c_id=5&id=36001

---

8 日本の若者の死因、第1位は自殺

#自殺　#自殺対策基本法

2022年、日本国内の自殺死亡者数は2万1881人でした。2003年の3万4427人をピークに、近年は減少傾向が続いていましたが、新型コロナウイルスの流行が始まった2020年を契機に再び増加傾向にあります。

人口10万人当たりの自殺者数を示す「自殺死亡率」は17.6人で、こちらも2020年以降増加しています。

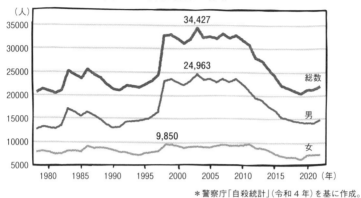

図 8-1　自殺者数の推移

＊警察庁「自殺統計」（令和 4 年）を基に作成。

　かつての日本では「自殺するのは弱い人間だから」とか「自分で勝手に死んだんだ」などという考え方が強く、自殺は「個人の問題」ととらえられていました。しかし、国内の自殺者数が毎年 3 万人を超える異常な状況が続いていた 2006 年に「自殺対策基本法」ができた頃から、自殺は「個人の問題」ではなく、「社会の問題」だという認識が社会に広がってきました。

　自殺は過労や生活困窮、育児や介護疲れ、いじめや孤立など、自分 1 人ではどうしようもない「社会的要因」により追い込まれた末の死であること、そして自殺に追い込まれる状況は誰にでも起こりうるのだということに人々が気づき、自殺に対する考え方が変わり始めたのです。

　基本法制定後、日本社会全体で自殺対策に取り組んだ結果、年間 3 万人超だった自殺者数は 2 万人ほどまで減り続けてきました。ところが、コロナ禍を契機に再び微増に転じた現在、以前のような状況に逆戻りするのではないかと危ぶまれています（図8-1）。

　　　　　　　　　　　　　　#若者の死因　#生きる力　#いじめ
　そして、さらに問題なのは、子どもや若者の自殺が多いことです。

表8-1　10～39歳までの、年代ごとの死亡率トップ3は？

年代	1位	2位	3位
10～14歳	自殺〈2.3〉	悪性新生物(腫瘍)〈1.6〉	不慮の事故〈0.6〉
15～19歳	自殺〈12.2〉	不慮の事故〈3.6〉	悪性新生物(腫瘍)〈2.3〉
20～24歳	自殺〈21.3〉	不慮の事故〈4.5〉	悪性新生物(腫瘍)〈2.5〉
25～29歳	自殺〈19.4〉	悪性新生物(腫瘍)〈4.1〉	不慮の事故〈3.5〉
30～34歳	自殺〈18.3〉	悪性新生物(腫瘍)〈7.9〉	心疾患〈3.5〉
35～39歳	自殺〈19.5〉	悪性新生物(腫瘍)〈14.1〉	心疾患〈5.5〉

＊〈　〉内の数字は死亡率（人口10万人あたりの死亡者数）。
＊令和4年（2022）人口動態統計月報年計（概数）の概況（厚生労働省）を基に作成。

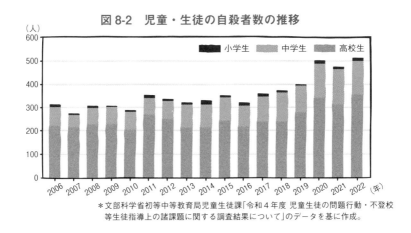

図8-2　児童・生徒の自殺者数の推移

＊文部科学省初等中等教育局児童生徒課「令和4年度 児童生徒の問題行動・不登校
等生徒指導上の諸課題に関する調査結果について」のデータを基に作成。

　2022年時点で、日本に住む15~39歳の若者の死因の第1位は自殺です。先進国の集まりであるG7（日本、フランス、アメリカ、ドイツ、カナダ、英国、イタリア）の中で、若者（15~29歳）の死因第1位が「自殺」なのは、唯一日本だけです（表8-1）。

　15歳未満の子どもたちの状況も深刻で、2022年の小・中学生の自殺者数は過去最多の514人となりました（図8-2）。

　過去10数年にわたって自殺者総数が減り続けたことはお伝えしま

図8-3　不登校児童生徒数といじめ認知件数の推移

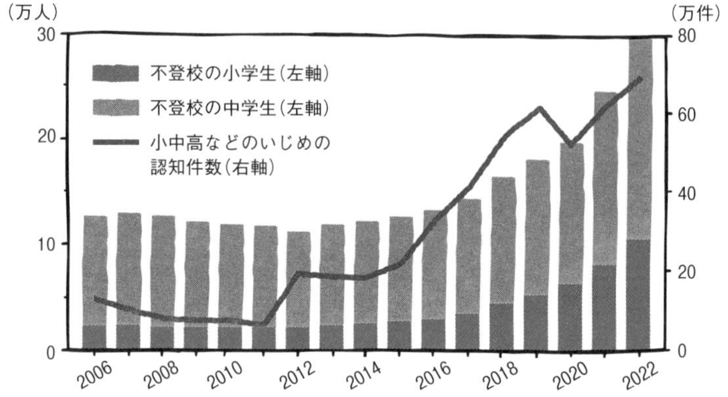

（万人）
（万件）

凡例:
- 不登校の小学生（左軸）
- 不登校の中学生（左軸）
- 小中高などのいじめの認知件数（右軸）

＊文部科学省のデータを基に作成。

したが、その期間中も子どもや若者の自殺だけは増え続けるという異常事態が続いています。

　自殺のリスクが高まるのは、自己肯定感や信頼できる人間関係、危機回避能力といった「生きることの促進要因」よりも過労、生活困窮、育児や介護疲れ、いじめや孤立等の「生きることの阻害要因」が上回ったときだといわれています（図8-3）。

　内閣府の調査で、日本の若者の自己肯定感（「自分を好きだ」という気持ち）は、諸外国に比べて極端に低いことがわかっています。また、国内の虐待件数やいじめの認知件数は、増加する一方です（図8-3）。日本の子どもたちは生きることの促進要因が低く、阻害要因が高い、自殺のリスクが高い状態に置かれています。

　文部科学省が定める学習指導要領は「生きる力」を掲げていますが、皮肉なことに日本社会は（学校も含めて）子どもたちの生きる力を奪ってしまっているのかもしれません。

　昨今、大人たちは、少子高齢化で子どもが増えないと日本社会が維

持できないという話を一生懸命しています。でも、生まれてきた子どもたちの多くが悲しい選択をせざるを得ない日本社会の現状にきちんと向き合っているでしょうか？　子どもや若者を追い込む原因はなんなのか、社会のどこをどう変えれば、子どもたちが自分らしく幸せに生きていくことができるのかを真剣に考え、議論しているでしょうか？

SDGsやサステナビリティーという言葉がもてはやされていますが、これからの未来を担うべき子どもたちの命の持続可能性こそ、真っ先にまもらなければならないはずです。

#死にたい

「死にたい」と思うことは、ヘンなことではありません。日本財団が2022年に行った調査では、15〜19歳の「約2人に1人」が死にたいと願い本気で自殺を考えたことがあるという結果がでています。

前述のとおり自殺とは、個人の問題ではなく、社会の問題です。あなたが弱いわけでも、悪いわけでもない。そしてあなた1人で解決できる問題でもありません。だから、死にたくなったときには、周囲の信頼できる人に自分の気持ちを話してみてください。

身近な人に話してみたけど解決しないときや、周囲に信頼できる相談相手がいないときは、相談窓口に相談することを強くおすすめします。世の中には、無料で相談できる窓口がたくさんあります。自分の名前を言わなくても相談できます。あなたの気持ちを相談員が受け止めて、どうしたらいいかを一緒に考えてくれます。

参考

● 令和4年中における自殺の状況 目次（厚生労働省、警視庁）
https://www.npa.go.jp/safetylife/seianki/jisatsu/R05/R4jisatsunojoukyou.pdf
● 令和4年版自殺対策白書（厚生労働省）
https://www.mhlw.go.jp/stf/seisakunitsuite/bunya/hukushi_kaigo/seikatsuhogo/jisatsu/
jisatsuhakusyo2022.html
● 『日本財団第5回自殺意識調査』調査結果 要約版（日本財団）
https://www.nippon-foundation.or.jp/who/news/pr/2023/20230406-87204.html

☞ おすすめの相談窓口

「よりそいホットライン」

どんな人の、どんな悩みにもよりそって、一緒に解決する方法を探してくれる相談窓口。どこに相談すればよいのかわからないけれど早く話を聞いてほしいときなどにおすすめです。

http://www.since2011.net/yorisoi/
フリーダイヤル：0120-279-338

「日本いのちの電話」

50年以上前から自殺に関する相談対応をしている機関です。
ホームページでは各地の相談窓口を探すことができます。

http://www.inochinodenwa.org/
ナビダイヤル：0570-783-556（通話料がかかります。受付時間は午前10時〜午後10時）
フリーダイヤル：0120-783-556（無料でかけられます。受付時間は毎日午後4時〜午後9時まで。毎月10日は午前8時〜翌日午前8時まで受け付けています。IP電話からかけたい場合は、03-6634-7830におかけください）

「チャイルドライン」

18歳までの子ども専用の相談窓口。子どもの悩み相談の専門員が応えてくれます。相談時間は毎日午後4時〜午後9時です。ホームページにはチャット相談の部屋もあります。

https://childline.or.jp/
フリーダイヤル：0120-99-7777（フリーダイヤル・携帯やPHSから無料でかけられます）

「生きづらびっと」（LINEアカウント）

自殺対策基本法の制定にも深く関わったNPO法人「自殺対策支援センターライフリンク」が運営する相談窓口。LINEで友だち追加すると、トーク画面で相談できます。

@yorisoi-chat
受付時間：月〜金の8：00〜22：30（22時まで受付）、土・日の11：00〜22：30（22時まで受付）

「生きづらびっと」（WEBチャット相談）

WEB上のチャットで相談ができる窓口です。事前のやり取りのためにメールアドレスが必要となります。

https://yorisoi-chat.jp/
受付時間：月〜金の8：00〜22：30（22時まで受付）、土・日の11：00〜22：30（22時まで受付）

「いのちと暮らしの相談ナビ」

自分の悩みや状況にあった相談先や、すんでいる地域にある相談先を検索できるサイトです。自分の悩みをどこに相談すればよいのかわからないときに、おすすめです。

http://lifelink-db.org/

＊以上の情報は、2024年2月現在のものになります。質問や相談は、著者や出版社ではなく、各窓口に直接お問い合わせください。また、連絡先やサービス内容が、予告なく変更・終了する場合があることを、あらかじめご了承ください。

日本の若者を元気に、
未来を元気にする

三浦宗一郎さん

一般社団法人 HASSYADAI social 理事

　一般社団法人 HASSYADAI social 共同代表理事。1995年生まれ。愛知県出身。中学卒業後、トヨタ自動車の企業内訓練校・トヨタ工業学園に進学。卒業後、トヨタ自動車に就職し、自動車製造に関わる。

　2017 年に内閣府「世界青年の船」日本代表に選出。その後、トヨタ自動車を退職し、約20カ国を旅する。2018 年より株式会社ハッシャダイ入社、ヤンキーインターンの講師を務め、2020年より一般社団法人 HASSYADAI social を設立し、共同代表理事に就任。

主な関連社会問題 3（→20ページ）、5（→25ページ）、54（→181ページ）

#学歴社会　#教育　#地域格差

＊以下敬称略、肩書等はインタビュー当時（2023年6月）のものです。

> どんな人でも自分の人生を自分で選択できる社会をつくるために活動しています。

——三浦さんが関わる、ハッシャダイソーシャルについて教えてください。

三浦　　ハッシャダイソーシャルは、高校や少年院、児童養護施設の若者たちにキャリア教育を行っている一般社団法人です。生まれ育った環境にかかわらず、どんな人でも自分の人生を自分で

選択できる社会を目指して活動しています。

　もともとは株式会社ハッシャダイという会社があって、そこからスピンオフする形で生まれました。ハッシャダイでは「ヤンキーインターン」という事業をやっていて、地方の中卒・高卒の若者に、東京でのインターンシップのチャンスを通じて、選択肢をひろげるサポートをしていました。ただ、コロナ禍で地方から上京して東京でインターンするハードルが上がってしまったので事業を縮小しておりましたが、今はヤンキーインターンもハッシャダイソーシャルで運営しています。

――「どんな人でも自分の人生を自分で選択できる社会」、素敵なミッションです。ハッシャダイはChoose your life（自分の人生を選択する）という言葉を掲げていますよね。三浦さん自身が自分の人生を選択したエピソードを聞かせてもらえますか？

三浦　僕は、21歳まで工場で働いていました。車をつくる工場で、毎日シフトレバーを550台分取り付ける作業をやっていました。朝起きて、バスで通勤して、ライン作業をして、夜またバスで帰って、寝る。その繰り返しの中で未来が見えず、モヤモヤしていました。10代後半の頃で、エネルギーがあるんだけど、その行き場がない感じがしていたんです。

　そんなときに、たまたまSNSで「DMMアカデミー」（筆者注：DMM.comの創業者の亀山敬司会長が2016年12月に設立した一般社団法人）が新しく立ち上がったことを知ってダメもとで応募したんです。

　「DMMアカデミー」は、DMM.comの亀山会長の発案で、簡単にいうと、中卒高卒でもパワーがあって想いがある人たちに機会をつくるためにできた私塾です。自分自身が高卒で、「機会」がないことに問題意識を感じていたので、それを変え

たいって思いが強かったんですよね。それがご縁になって、DMMの会長である亀山さんに会える機会があり、そこからハッシャダイの創業者である久世大亮さんを知りました。

当時、何かを変えるためには自分が金持ちになればいいと思っていたんですが、世の中にはビジネスモデルというものがあって、仕組みをつくればお金持ちにならなくてもできることがあると知り、衝撃を受けました。

ハッシャダイを知ってから半年後に自動車工場を退職して、半年間バックパッカー旅をしました。帰国したときに改めて自分のやりたいことが何かを考えたとき、ハッシャダイしかないと思い、久世さんに直談判して、1カ月後にはスーツケース1個で上京し、今に至ります。

本当に勢いだけでここまで来たので、今振り返ると運がよかったと思いますね。

──ドラマみたいな展開ですね。確かにものすごい強運を持っているとは思う一方で、自分から行動したからこそ掴んだものでもあると思います。

高卒であることで「機会がない」という話がありましたが、「機会の格差」については、長く問題意識を持っていたんですか？

三浦 僕自身の最終学歴が高卒なんですが、機会格差に気づいたのは大人になってからでした。

実は、最終学歴と生まれ育った家庭の経済状況って、ものすごく比例しているんですよね。

振り返って僕がどんなバックグラウンドかというと、親父が経営者だったんですが借金を背負っていた家庭でした。そんな状況だったので、母親が朝はパート、昼間は給食センター、夜

も働きに出て家計を支えていました。そんな家庭の経済状況をわかっていたので、「早く自立せねば」と中学卒業したあとは、働きながら勉強する道を選んだんです。自分で選んだものの、「俺はこのままでは終わらない！」とか、「周りのやつとは違うはずだ！」って思いが、なぜかずっとあったのも事実です。そう思い込むことでしか、当時の自分を肯定することができなかったんだと思います。

　実際に工場で働き始めてから、新しい機会に挑戦しようって思ったときに、あまりにも選択肢が少ないことに気がつきました。

　たとえば「ルート営業募集。未経験大歓迎」っていう求人も、よく見たら条件のところに「大卒以上」と書かれている。未経験と大卒の違いは何だって思いませんか？　社会から無視されてるような感覚がすごくありました。

　家庭の経済環境と学歴が相関関係にあるとしても、そもそも生まれる家庭は選べないですよね。選べない要因によって人生が規定されてしまう。マジで「ふざけるな！」っていう気持ちと同時に、もったいないと思いましたね。だって、こんな元気な俺がいるのに、大卒じゃないからって無視するなんて、もったいなくないですか？　学歴なんて関係なく、みんなが自分のやりたいことに挑戦できるような社会にしたいって気持ちは、自分自身が実感していました。

> 「自分で選択する」という精神的なブレイクスルーが
> ものすごく必要な人が多いです。

――なるほど、当たり前のように「大卒」が大前提の求人って多いんですね。日本の大学進学率は5割から6割くらいだと思うので、かな

り多くの人がそこから漏れてしまいますよね。

　三浦さんは一念発起して東京にきて、今六本木で働いているわけですが、環境が変わって、社会に対する見方が変わったことはありますか？

三浦　「ヤンキーインターン」事業をやってたときは、選択格差＝学歴格差のことだと思ってたんですけど、今はそれだけじゃないと思っています。

　最近は進学校にも講師として呼ばれることがあるのですが、そこで気がついたのは「選択できない」人は、どこにでもいるということです。一見経済的には裕福で、いい環境にいるように見える子でも、自己選択があまりないというか、できない現状があります。「自分で選択する」という精神的なブレイクスルーがものすごく必要な人が多いです。

　僕たちは、「自分の人生、どうやって選択していくか」という問いに一緒に向き合うことができるかどうかが大事だと思っています。これができるかどうかは、「お金がある／ない」という経済格差だけではないんですよね。今はシンプルに、誰もが自分の人生を選択できる社会だったらいいなと思っていて、そのために自分がどうやって若者の背中を押せるのかを考えています。

　その対象が経済的に恵まれている人だけではなく広がったのが変化ですかね。

——進学校は進学校なりの「選べなさ」というか、「あるべき姿」に囚われている人も多いですよね。

三浦　あります、あります。この数年間の大きな認識の変化でいうと、選択格差というものは確かに存在しているんですけど、格

差があるからといって、単純に幸不幸を当てはめられないということで、それは格差の当事者としても実感しています。地元で工場で働いていたときでも、そのときはそのときで幸せなことがいっぱいありました。逆に、東京に出てきていろんな人と会うと、「なんでこんな生活してるのに、幸せそうじゃねえんだろう?」って人もいっぱいいて。ハッシャダイソーシャルとしては、どうやったらもう一度みんなが元気になれるかを本気で考えています。

　若者たちが元気ないってことは、日本の未来が元気ないってことに直結するじゃないですか。現実はそんな単純な話じゃないにせよ、みんなが元気でいられるようにするにはどうしたらいいかを、常に考えています。

　「元気」って大事だと思うんですよね。**元気の価値を見直したい**と思っています。

　一昨日も、クリーニング屋のおばちゃんがすごい元気でご機嫌だったんですけど、それだけでものすごく元気をもらいました。おばちゃんがやってることは、クリーニング屋にとどまらない。むっちゃ元気なだけで生産性は0の人がいたとしても、その人に触れることで周りの人間の生産性が1.2になったらい

いじゃないですか。そういう人が増えてくって大事ですよね。少なくとも自分はそうありたい。元気な人はめっちゃ大事です。

——三浦さんも本当に元気ですよね！　ポジティブなオーラがすごいです。

三浦　僕が思う元気な状態って、ポジティブなエネルギーがほとばしる状態だけじゃなく、その人がやりたいことを淡々とやってるヘルシーな状態も含まれています。

　ハッシャダイソーシャルでは、2年前に通信制高校の生徒向けに、エシカルハッカー発掘・養成プロジェクト（筆者注：広域通信制高校の生徒を対象に、サイバーセキュリティ人材を目指すための授業をオンラインで提供する取り組み）というのをやりました。

　実は通信制高校って進路未決定率がものすごく高いんです。全日制の高校とかになると、先生が意地でも決めるので、進路決定率は99%くらいになるんですけど、通信制ってそういう機能がないから、高校卒業した翌日からやることがない人が40%くらい。先生たちも「キャリア教育っていったって、この子たちずっと引きこもってゲームやってるんですよ」と困っていたんです。

　ちょうどその頃、サイバーセキュリティの会社でアプリのデバッグをやっている人と話す機会があり、「実は、エシカルハッカーっていわれる仕事は本当に人が足りてないんだけど、この仕事向いているのってゲーマーなんですよね」って話をたまたま聞いたんです。そこから、ゲーマーの子どもたちにエシカルハッカーの講座を提供したら面白いんじゃない？　っていうアイデアが生まれました。

　まず、元引きこもりゲーマーでスーパーハッカーの人に、通信制高校の生徒に向けて講演してもらいました。この方の人生

グラフを見せてもらったんですが、それを見た生徒たちが「あの人の10代、俺の現在地と一緒だ！」って感じたみたいです。そういう子たちにパスワードクラッキングなどのエシカルハッカーの問題をやってもらったら、やっぱりみんなすごい！　ほんの10分で全部解いちゃうんです。全部で10問あるんですが、僕がやっても2問でリタイアですよ。

　彼らが問題を解いている姿は、そばからみると全然面白そうに見えないけど、聞いてみると「はい、楽しいっすよ」って言って黙々と解いてるんです。

　ヤンキーインターンもそうですけど、若者を社会に適合させていくというよりも、彼らは彼らのままで元気に生きていく術がきっとあるはずで、それを彼らと一緒に模索することを大事にしています。

> 人と比較しないで、自分の「これしかねぇ！」を
> 信じてみてほしいです。

――それぞれが元気でいられるあり方を模索していくと、社会全体も元気になっていきそうです。ところで、三浦さんのエネルギーってどこからきてるんですか？

三浦　そうするしかなかったんだと思いますね。工場で働いてたときもそうです。10代のときから、理不尽なことがたくさんあったと思うんですけど、ポジティブにするしかなかった。気合いで笑ってきたのもあると思います。

　ハッシャダイソーシャルにしてもヤンキーインターンにしても、社会課題の解決をしている団体としてとらえられることが多いんですけど、僕らの真ん中にあるのはそこじゃない。ただ

楽しいことをしたいんですよね。

　社会を元気にしたいけど、社会課題の話をすると、みんな元気なくなるじゃないですか。こういうインタビューでも「選択格差があって……」みたいに話すと、暗い話になってしまいます。社会課題に向き合っていくのも、もちろん大事なんですけど、暗い向き合い方ばっかりしていても、解決はしないと思うんです。

　もっと前向きに向き合ってもいい。少なくとも、僕らはそうありたいと思っています。

──確かに、面白そう！　楽しそう！　から入るのってすごく大事ですね。やっぱり世の中には、社会課題をネガティブに考えて、なかなかエネルギーに変えられない人もいると思うのですが、そういう人に三浦さんは何を伝えますか？

三浦　そうですね。さっきから元気元気って言ってるんですけど、自分の元気を犠牲にする必要はないと思うんです。お金を稼ぐとか、いいキャリアを歩むとか、目指すものがあったとしても、自分の元気を生贄（いけにえ）に手に入れるものでもないと思っています。どうしたら自分が元気になるのかをちゃんと考えることが大事だと思っています。

　高校生のキャリア教育とか進路選択とかに関わるときも、自分のことを横に置いて考えている人が案外多いんですが、「自分がどうやったら元気になるか」が真ん中にあるといい選択をできるんじゃないかな、と思います。自分に元気がないと、なんにもできないですから。

──年代に限らず、元気を奪われてしまっている人も多いですよね。

きっとその要因を探っていくと、一つひとつの社会課題が浮き彫りになってくるんでしょうが、元気がないとその解決も難しいですよね！今日は、私も三浦さんのエネルギーをもらって生産性が上がった気がします。最後に、事業に関わらなくてもよいのですが、読者のみなさんに向けて、三浦さんが若いうちにやっておけばよかったと思っていることや、メッセージをお聞きしたいです。

三浦　自分の強みとか、自分の才能をちゃんと信じきるっていうことをやってもいいんじゃないかな、と思いますね。世の中を見ると、自分よりすごい奴っていっぱいいるじゃないですか。それでも、人と比較しないで、自分の「これしかねぇ！」を信じてみてほしいです。

　　　あれもやってみようかな、これもやってみようかなって、今の自分にない可能性に挑戦していくこともももちろんなんですけど、それだけじゃなくて、俺はこれしかねえよなっていうのを突き詰めていくといいと今の僕は、思っています。

地球の寿命が
縮む数字

—— 環境問題

人間が**1週間**に摂取するプラスチック、 ## クレジットカード1枚分？

#プラスチック　#海洋汚染

今や、私たちの生活に欠かせないプラスチック。お菓子の包装や飲料のペットボトル、文房具や洋服、家電や自動車など、暮らしの中のあらゆる製品にプラスチックが使われています。

そんなプラスチックの多くは、リサイクルされずに使い捨てにされています。ゴミとして回収・焼却されればまだマシで、回収すらされずに自然環境に流出してしまうプラスチックも少なくありません。自然に流出したプラスチックゴミは、蹴っ飛ばされたり、風に吹かれたり、排水溝に流されたりして川に行き、最終的には海に流れ着きます。

こうして海に流されるプラスチックの量は、世界全体で毎年800万トン。ジャンボジェット機5万機分というから驚きです。そのうち2〜6万トンが日本から出たプラスチックだといわれています。

現在、世界の海に漂うプラスチックの総量は約1億5000万トン。今のペースで流出が続けば、2050年には魚よりもプラスチックゴミの量が上回るといわれています。

そもそもプラスチックがつくられるようになったのは、今から150年ほど前のこと。今のように大量生産されるようになったのは、第二

次世界大戦後といわれていますから、プラスチックによる海洋汚染の
スピードは驚異的です。

　海洋プラスチックが厄介な点は、いつまで経っても消えないという
こと。プラスチックは自然界ではほとんど分解されないため、いつま
でも海に漂いながら、たまり続けてしまうのです。

#マイクロプラスチック

　厄介なことに、プラスチックは時間が経って劣化すると、波に揺ら
れたり、何かにぶつかった拍子にバラバラに分かれて小さくなって
しまいます。それを繰り返して、5mm以下にまで小さくなったプラス
チックのことを「マイクロプラスチック」と呼び、世界の海に50兆
〜70兆個も存在すると推計されています。

　近年は、海に流れ出たプラスチックを、さまざまな生物が食べたり
飲んだりしていることが報告され、問題になっています。

　海で死んだウミガメ102頭の調査ですべての個体の内臓からマイク
ロプラスチックが見つかったり、ムール貝の調査で100％の確率でマ
イクロプラスチックが含まれていたり、ここ数年の鯨の研究で約6割
の個体の体内からプラスチックが発見されたりと、海洋プラスチック
が海の生物のカラダを汚染していることがわかってきたのです。

　もちろん、さまざまな海の生物を食べている私たち人間もプラス
チックをたくさん食べています。2019年には、人間が食べているプラ
スチックの量は1週間当たりクレジットカード1枚分だという研究結
果が発表されました。2022年に行われた研究では、1年間にビニール袋
50枚分のプラスチックを摂取している可能性があると指摘されてい
ます。

　ちなみに、プラスチックに含まれる着色料などいくつかの化学物質
は発がん性があることがわかっているものの、プラスチック自体が人
体にどのような影響を及ぼすかはまだはっきりとはわかっていません。

参考

- 2050年の海は魚よりもごみが多くなる？今すぐできる2つのアクション（日本財団ジャーナル、2022年）
  https://www.nippon-foundation.or.jp/journal/2019/20107/ocean_pollution
- Ocean plastic pollution an overview: data and statistics（UNESCO、2022年）
  https://oceanliteracy.unesco.org/plastic-pollution-ocean/
- Ingested microplastics: Do humans eat one credit card per week?（Science Direct、2022年）
  https://www.sciencedirect.com/science/article/pii/S2666911022000247

10 1分間で消える森林面積は 東京ドーム1.9個分

#地球温暖化　#気候変動

　世界の森林面積は約40億ヘクタール。すべての陸地面積の3分の1近くを占めます。さまざまな生き物のすみかになったり、雨水を蓄えて洪水を防いだり、光合成により温暖化の原因となる二酸化炭素を吸って酸素をつくったり、さまざまな働きをしている森林は、私たち人類にとってもなくてはならない存在です。

　この大切な森林が今、危機的な状況にあります。人間の文明が急速に進歩した19世紀以降、過剰な伐採や農地への転用、森林火災などさまざまな理由で森林が減り続けているのです（図10-1）。

図10-1　地球上の土地利用の変化

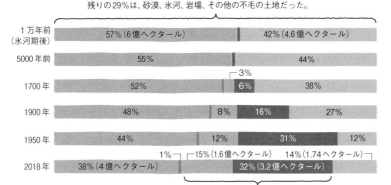

1万年前、地球の地表の71％にあたる106億ヘクタールは、森林、低木、野生の草原に覆われていた。
残りの29％は、砂漠、氷河、岩場、その他の不毛の土地だった。

農地：かつて森林、野生の草原、低木に覆われていた土地の46％が、今日では農業に利用されている。
農地の77％は家畜（放牧＋飼料用作物）に、23％は人間が直接食べる作物に使われている。

＊The World has lost aone-third of its forest, but an end of deforestation is possible.
（Our World in Data、2021年）を基に作成。

　特に近年の森林減少のスピードはすさまじく、2010年から2020年までの10年間で、毎年平均470万ヘクタール減っています。1分間で東京ドーム約1.9個分、1時間でおよそ117個分の広さの森林が地球上から消えてしまいました。特に南米、アジア、アフリカなどの熱帯林の減少が目立ちます。

　もし森林がこのまま減り続けると、植物が固定していた二酸化炭素が大気中に放出され空気中の二酸化炭素濃度が上がり、地球の温暖化と気候変動がますます進んでしまいます。気候変動は地球規模の干ばつや森林火災などを引き起こし、さらなる森林の減少につながるという悪い循環にはまり込んでしまうかもしれません。

図 10-2 世界の森林の増減

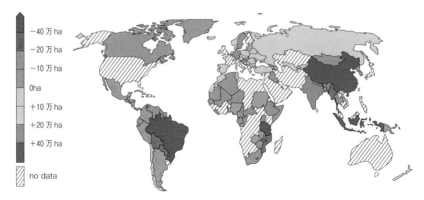

1990〜2015年の間、森林が増えているところ(■)と、
減っているところ(■)を世界規模で示している。

*UN Food and Agriculture Organization (FAO). Forest Resources Assessment.

#植林

　2000年以降、世界中で大規模な植林が行われたことで、アメリカや中国、インド、ベトナム、ヨーロッパなど一部の地域では森林が増加しています (図10-2)。

　森林減少の原因は複雑で、当事者国だけでは解決が困難です。それでも、一部の国で森林が復活していることは、地球の未来に希望を与えてくれます。

参考

● 世界森林資源評価 (FRA) 2020 (林野庁、2020年)
https://www.rinya.maff.go.jp/j/kaigai/attach/pdf/index-5.pdf
● 世界の森林を守るために (環境省)
https://www.env.go.jp/nature/shinrin/index_1_2.html
● 森林と生きる - 世界の森林を守るため、いま、私たちにできること -(環境省、2016年)
https://www.env.go.jp/nature/shinrin/download/forest_pamph_2016.pdf

絶滅危機のアフリカゾウ、
37年間で69%の減少

#アフリカゾウ　#レッドリスト　#絶滅危惧種

現在、陸上で最大の生物であるアフリカゾウは、象牙目当ての密漁の影響で、絶滅の危機に瀕しています。1979年に134万頭だった推定個体数は、2016年には42万頭と、37年間で3分の1にまで減ってしまったのです（図11-1）。

図 11-1　アフリカゾウの頭数の年次推移

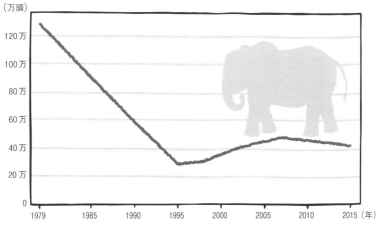

＊The states of the world elephant populations（Our World in Data、2022年）を基に作成。

アフリカゾウは「シンリンゾウ（マルミミゾウ）」と「サバンナゾウ」という2種に分けられますが、国際自然保護連合（IUCN）が絶滅のおそれのある野生生物をまとめた「レッドリスト」には、どちらの種も絶滅危惧種として掲載されています（シンリンゾウは「深刻な危機〈CR〉」、サバンナゾウは「危機〈EN〉」の評価）。

＃象牙　＃ワシントン条約　＃象牙輸入国

　そんなアフリカゾウが持つ「象牙」は希少で、見た目が美しく、豊かさをしめすシンボルとして高額で取引されてきました。1950年代以降の高度経済成長期の日本でも、多くの人々が印鑑などの象牙製品を買い求めたといいます。その結果、「ワシントン条約」で象牙の国際取引が禁止された1989年時点で、日本は世界一の象牙輸入国になっていました。1970年から89年までの間に日本に輸入された象牙の量はおよそ5000トン、アフリカゾウ約25万頭分にも相当します。

　国際的な取引が禁止されてからも、日本は国内取引に限り象牙市場を維持してきました。
　国内市場では、国際取引が禁止されるより前に輸入した象牙や、1999年と2009年にワンオフトレードという仕組みで限定的に輸入された約90トンの象牙が、適正な管理のもとで取引されているはずでした。
　しかし実際には、この日本の国内市場が違法な国際取引に利用されています。外国人などが日本で購入した象牙製品をヤフオクやメルカリなどのオークションサイトなどを使って海外の客に違法に販売・輸出する例が後を絶たないのです。

　トラフィックという国際機関の調査で、2011年から16年までの7年間で中国で押収された日本由来の違法象牙の量が2.42トンに上ることがわかりました。これを受け、2016年のワシントン条約第17回締約

国会議では、アメリカおよびケニアをはじめとするアフリカ10カ国が、すでに禁止されている国際取引に加え、各国の国内取引市場の閉鎖を求めました。そして協議の結果、密猟や象牙の違法取引に深くつながっている市場に限定して閉鎖されることが決まりました。

その後、多くの国が違法取引が疑われる市場のみならず、合法的な市場も含めて閉鎖し、象牙の取引を全面的に禁止するようになりました。日本とともに象牙の大量消費国だった中国も、2017年12月31日をもって国内での象牙取引を禁止しています。

世界が象牙の取引を全面禁止する中、頑なに象牙取引を続けているのが日本です。

2019年8月にスイスのジュネーブで行われたワシントン条約締約国会議の議場で、国際社会は日本など象牙市場を維持する国に対し、国内市場の閉鎖を求める決議を提案しました。しかし、日本は「日本の国内市場は違法取引に関与していない」として反対。決議は見送られてしまいました。

会議の席上、ケニアの政府代表は「日本の象牙市場が違法取引に関わっていることは明白。市場が開かれている限りゾウは殺され続け、アフリカの宝は失われてしまう」と日本を名指しで批判し、その他のアフリカ諸国からも、同様の批判が噴出しました。

象牙取引全面禁止に向け、世界が足並みを揃える中、国内市場の維持に固執し続ける日本は孤立を深めています。

参考

● **アフリカのゾウは「危機（EN）」と「深刻な危機（CR）」に - IUCN レッドリスト**（IUCN、2021年）
https://www.iucn.org/ja/news/species/202103/ahurikanozouhawei-ji-en-toshen-ke-nawei-ji-cr-ni-iucnretudorisuto
● **ワシントン条約第74回常設委員会に寄せて。日本の象牙取引対策の行方**（WWFジャパン、2022年）
https://www.wwf.or.jp/activities/news/4941.html
● **ワシントン条約第17回締約国会議**（外務省、2016年）

https://www.mofa.go.jp/mofaj/ic/ge/page24_000802.html
● **日本の象牙市場と密猟・密輸に関する見解**（環境省）
https://www.env.go.jp/nature/kisho/kisei/conservation/ivory/poaching/
● **絶滅の危機にあるアフリカゾウが地域住民にとっての脅威に**（WWFジャパン、2023年）
https://www.wwf.or.jp/activities/activity/5384.html

12 日本のプラスチックの**リサイクル率は87%！** でも、その中身は…

#プラスチック　#リサイクル

日本のプラスチックゴミの総量は年間824万トン。そのうち87%に当たる717万トンがリサイクルされ、残りは焼却されたり埋め立てられて処理されます。リサイクル率87%というのは、世界でもトップレベルのリサイクル率です（2021年時点）。

しかし、リサイクルされたプラスチックゴミの大半が、燃やされていることを、みなさんは知っていますか？

「え？　リサイクルされたら、新しいプラスチック製品に生まれ変わるんじゃないの？」

そんな感想を持った方も多いのではないのでしょうか？

いったいぜんたい、日本のプラスチック・リサイクルはどうなっているのか、一緒に見ていきましょう（図12-1）。

#マテリアルリサイクル　#ケミカルリサイクル　#サーマルリサイクル

プラスチックのリサイクル方法には、3つの種類があります。

1つ目の方法は「マテリアルリサイクル」。

プラスチックゴミを、粉砕・洗浄して、フレークやペレットといわれる状態にしたものを原料に、新たなプラスチック製品をつくるリサイクル方法です。

マテリアルリサイクルを繰り返すとプラスチックが劣化し、製品の品質は落ちていきます。そのため、何度でも無限に使える方法ではありません。現在、プラスチックリサイクルの24.7%が、この方法です。

2つ目のリサイクル方法は「ケミカルリサイクル」。

これは、プラスチックを加熱したり圧力をかけたりして、分子レベルで分解して再利用する方法です。この方法だと、新品と同レベルの高品質なプラスチック製品をつくることができるほか、石油製品に戻したり、水素や炭素をガスの状態で回収したり、製鉄原料として活用するなどさまざまな形で再利用することができます。

この方法はマテリアルリサイクルに比べてより無駄なく再利用できるものの、設備にお金がかかるなどの理由から、リサイクル全体に占める割合は、わずか4%しかありません。

マテリアルリサイクル

図 12-1　日本のプラスチックリサイクルのなかみ

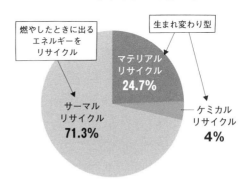

燃やしたときに出るエネルギーをリサイクル

生まれ変わり型

マテリアルリサイクル **24.7%**

サーマルリサイクル **71.3%**

ケミカルリサイクル **4%**

＊プラスチック3つのリサイクル（プラスチック循環利用協会、2023 年）を基に作成。

とケミカルリサイクルの2種類のリサイクル方法は、プラスチックゴミを新しいプラスチック製品に生まれ変わらせる方法です。「リサイクル」と聞いたときに、多くの人が想像するのが、この「生まれ変わり」タイプのリサイクル方法ではないでしょうか。

　しかし、これらの方法はリサイクル全体の28.7%しかありません。では、残りはどんな方法でリサイクルされているのでしょう？

　残りのおよそ7割を占める方法が「サーマルリサイクル」といわれるプラスチックゴミを燃やして生まれる熱を蒸気に変えて発電したり、暖房や温水プールなどの熱源として利用する方法です。つまり、新しい製品にしたり、原料として生まれ変わらせるのではなく、燃やしてしまっているのです。

　海外の多くの国では、このようにプラスチックゴミを燃やして熱回収する方法を「リサイクル」とはみなしていません。国際的な基準に照らし合わせた場合、日本のリサイクル率（87%）はかなり低くなるといわれています。

　どうでしょう？　「リサイクル率87%！」と聞いたときに思い起こす「環境先進国・日本」のイメージと実態はかけ離れていますよね。

　プラスチックを生まれ変わらせる方法のリサイクルの割合を増やしていくことも大切です。でもまずは、「ゴミ」になるプラスチックの使用を減らす努力が必要です。

　みなさんはゴミ削減のキーワード「3R」を聞いたことがあるでしょうか。Rから始まる3つの言葉、①リデュース（削減）、②リユース（再利用）、③リサイクル（再生利用）のことを指しますが、大切なのはその順番です。言葉の並び順が、優先順位を表しているんです。リサイクルは最終手段。

　まずはリデュースから心がけましょう！

参考

● **プラスチックリサイクルの基礎知識2023**（一般社団法人プラスチック循環利用協会、2023年）
https://www.pwmi.or.jp/pdf/panf1.pdf

● **プラスチック・リサイクル 発展編**（一般社団法人 プラスチック循環利用協会）
https://www.pwmi.jp/sensei/houhou01_00.pdf

13 衛星軌道上の 宇宙ゴミは1.7億個以上

#スペースデブリ

地球の衛星軌道上にただよう人工物を、「スペースデブリ（宇宙ゴミ）」といいます。

宇宙船から外れたボルトや、はがれた塗装、宇宙飛行士が落とした手袋などの小さなものから、事故や故障によって制御できなくなったロケットや人工衛星といった巨大なものまで、さまざま

なスペースデブリがあるといわれています。

スペースデブリは秒速7〜8kmという速さで地球のまわりを回っています。地上でライフル銃を撃ったときの銃弾の速さが秒速1kmほどですから、その7倍のスピードです。

超高速で飛んでいるデブリは巨大な運動エネルギーを持っているため、とても危険です。10cmのデブリの衝突で衛星は壊滅的に破壊さ

図13-1　地球の周りのスペースデブリの数の推移（10cm以上の物体に限る）

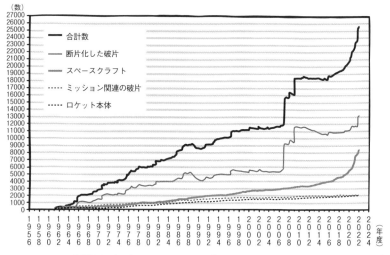

凡例：
- 合計数
- 断片化した破片
- スペースクラフト
- ミッション関連の破片
- ロケット本体

＊ LEGEND：3D/OD Evolutionary Model（NASA ORBITAL DEBIRS PROGRAM OFFICE）

れ、1cmのデブリだって宇宙船を航行不能にする破壊力を持っています。1mm程度のほんの小さなデブリが宇宙船のサブシステムを壊してしまうこともあります。

　すでに、スペースデブリと衝突したことによって衛星が故障したり破損したりした例がいくつもあります。2013年の映画「ゼロ・グラビティ」でもスペースシャトルが大破する原因として描かれました。

#ケスラーシンドローム

　いったいどれくらいの数のスペースデブリがあるのでしょう？

　正確な数はわかりませんが、推定では10cm以上の物体が約2.9万個、1cm以上のものは約67万個、1mm以上の小さなものは1.7億個を超えるといわれています（図13-1）。

　そしてデブリ同士がぶつかって、より小さなデブリに分裂することで、スペースデブリの数は爆発的に増え続けています（この現象を「ケ

スラーシンドローム」といいます)。

　人類が抱えるゴミ問題は、地球上にとどまりません。今後の宇宙開発において、このデブリをどうやって回収・除去するかは人類共通の課題です。

参考

●ペースデブリに関してよくある質問（FAQ）（JAXA研究開発部門）
https://www.kenkai.jaxa.jp/research/debris/deb-faq.html
●How many space debris objects are currently in orbit?(European Space Agency)
https://www.esa.int/Space_Safety/Clean_Space/How_many_space_debris_objects_are_currently_in_orbit

14 使用済み核燃料の 保管期間は10万年

#原子力発電所　#使用済み核燃料

　私たちは電気をふんだんに使ったぜいたくな暮らしを維持するために、さまざまなエネルギーを使って発電しています。その方法の1つが原子力発電です。2023年11月末時点で、日本には33基の商業用原子力発電所があり、うち9基が運転中です。

CAUTION
Keep away

100,000年
（10万年）

　原子力発電所では発電のために、ウラン鉱石を原料にした燃料集合

体が使用されます。燃料は原子炉の中で4～5年ほど使用されたのち、新しい燃料集合体と交換されます。使用後に残った「使用済み核燃料」は、高い放射能を帯びていて、人が近づけば数十秒で死んでしまうほど危険なものです。

　この使用済み核燃料の放射能が、もとのウラン鉱石と同じレベルに下がるまでにかかる時間は10万年。その間は安全に保管する必要があります。

　10万年といえば、今からさかのぼると人類（ホモ・サピエンス）がアフリカから、世界各地に拡がっていったころ。まだマンモスも生きていた時代です。

　こうした途方もなく長い期間、どうやって使用済み核燃料を安全に保管するかは、原子力を扱うすべての国の課題となっています。

#地層処分　#地震大国　#核燃料リサイクル

　過去には、使用済み核燃料の処理について、海に沈めたり、宇宙に放出する案が検討されたこともあります。そうした議論の果てに、現在最適だとされている方法が「地層処分」という方法です。地面に何百メートルという深～い穴を掘って、安定した地層に使用済み核燃料を保管（最終処分）しようというのです。

　世界各国でこの地層処分が試みられては、地元住民の反対などで計画が頓挫してきました。しかしようやくフィンランドで世界初の地層処理による最終処分場が着工し、早ければ2020年代に稼働する予定だといわれています。

　最終処分場の確保について、日本はいまだに候補地を選ぶ調査もはじめられずにいます。地震大国である日本では、地層処分するのはあまりにも危険だという反対意見が多いうえ、そもそも立地場所の地質が数万年耐えられるかどうかを評価する技術も確立していないのです。

原子力発電を続ける限り、毎年新しく生み出される危険な使用済み核燃料。しかし、それを処分する場所はない。こうした状況に対して、日本が選んだのは「核燃料リサイクル」という方法です。

核燃料リサイクルとは、原子力発電で使用した後の核燃料をそのまま埋めるのではなく「再処理工場」で加工してもう一度核燃料として原発で使う（リサイクルする）計画です。こうすれば、一度使用しただけの核燃料は"ゴミ"ではなく"資源"となると考えたのです。

しかし、この「核燃料リサイクル」の構想は、30年以上の年月と、数十兆円ものお金をかけて進めてきたものの、さまざまな問題からこれまでに25回以上も計画が延期され、いまだに実現のめどがたっていません。

最終処分場の問題も解決されず、核燃料リサイクルの見込みもない。「トイレのないマンション」とも揶揄される原発は、今日も全国各地で元気いっぱい稼働して、私たちのもとに電気を届けてくれています。

参考

● **本日の運転状況**（一般社団法人原子力安全推進協会）
https://www.genanshin.jp/db/fm/plantstatusN.php?x=d

---

15 1人1日当たりの ゴミ排出量 890グラム

#ゴミ　#最終処分場

国内で1年間に発生するゴミの量は4095万トン、東京ドーム110杯

分という途方もない量です。
日本人1人当たり年間325キ
ログラム、1日当たり890グ
ラムのゴミを出している計
算です（2021年度）。

　日本のゴミの量は、ここ
10年間で少しずつ減ってい
ます。2011年度の総排出量は
4625万トンでしたから、10年
間で1割以上減少しています。
しかしリサイクル率は、20％前後で横ばいです。およそ8割のゴミは
焼却炉で燃やされ、灰になります。

#最終処分場　#溶融スラグ

　ゴミを燃やしたあとの灰は、わずかですが鉛やカドミウムなどの重
金属を含んでいます。有害性が高いため、灰の大半は廃棄物の「最終
処分場」に埋め立てられます。

　現在、国内にある最終処分場は1572施設（一般廃棄物最終処分場）。最
終処分場が残りどのくらいでいっぱいになってしまうのかを示す残余
年数は、全国平均で23.5年です。国土が狭い日本では、限られた埋
め立て地をできるだけ長く利用するために、埋め立てる量を減らすこ
とが課題となっています。

　最近では、ゴミの焼却灰を1300℃以上の高温で溶かして「溶融ス
ラグ」という石のような固形物にすることで埋め立てる灰の量を減ら
したり、灰を埋め立てずにセメントの原料として利用するなどの資源
化の取り組みが進められています。こうした取り組みの結果、灰の3
割程度を資源化できるようになりました。

　しかし、そもそも燃やさなければならないゴミを出さないことが大

切なのはいうまでもありません。ゴミは燃やせば消えてなくなるわけではなく、その後の灰をどう処理するのかまで、私たちは責任を持っていることを忘れずに、できるだけゴミを出さない暮らしを送っていきましょう。

参 考 ··

●環境省報道発表 一般廃棄物の排出及び処理状況等（令和3年度）について
（環境省、2023年）
https://www.env.go.jp/recycle/waste_tech/ippan/r3/data/env_press.pdf
●容器包装リサイクル制度を取り巻く現状（経済産業省）
https://www.meti.go.jp/shingikai/sankoshin/sangyo_gijutsu/resource_circulation/container_packaging_recycling_wg/pdf/001_s02_00.pdf
●日本の廃棄物処理　令和3年度版（環境省、2023年）
https://www.env.go.jp/recycle/waste_tech/ippan/r3/data/disposal.pdf
··

16 日本国内の絶滅危惧種は 3716種

#絶滅危惧種　#大量絶滅

地球上には確認されているだけで約175万種、未発見のものを含めると3000万種を超える生物がいるといわれています。

地球が誕生して46億年の間に、たくさんの生物種が生まれる一方で恐竜のように絶滅していった種も数多くいました。

ところが今、絶滅のスピードがすさまじい勢いで加速しています。

2001〜2005年に国連が実施した「ミレニアム生態系評価」によると、化石から計算した過去（化石になった生物が生きていた時代）の絶滅のスピードは100年間で1万種当たり0.1〜1種でした。

一方、ここ100年で実際に絶滅した種の数から計算した現在の絶滅スピードは100年間で1万種当たり約100種。記録されていない生物も考慮すると、現在の地球では過去に比べて1000倍のスピードで生物種が絶滅していることになります。

地球上の生物種の約75％が短期間（280万年以内）で絶滅するような事象のことを「大量絶滅」と呼びます。これまでも地球上では自然現象などの影響で大量絶滅が5回繰り返されてきました。そして今まさに第6の大量絶滅時代に突入したといわれていて、一部の研究者によると、今回の大量絶滅はすべて人類が原因なのだそうです。

#森林伐採　#気候変動　#レッドリスト

近年の絶滅の多くは人間による乱獲や、開発のための森林伐採、殺虫剤や除草剤など化学薬品の使用などが動植物の生息地を奪ってきたことが原因です。

また、気候変動による影響も深刻で、2020年以降深刻な森林火災に悩まされるオーストラリアでは、コアラをはじめとした多くの動物の絶滅リスクが上がっています。

国際自然保護連合（IUCN）絶滅危惧種レッドリストでは、これまで個体数や絶滅リスクを評価した15万300種のうち約28％に当たる4万2100種を絶滅の危機にある種に分類しています。

日本に住む生物も危機的な状況にあります。国内にはまだ知られて

いないものを含め30万種以上の生物がいるとされていますが、そのうちの3716種が「絶滅のおそれのある種」として、「環境省レッドリスト2020」に掲載されています。

みなさんが大好きなニホンウナギも絶滅危惧種に指定されているほか、タンチョウヅル、メダカ、エゾオコジョ、アホウドリ、ツキノワグマ、ラッコ…などなど、多くの日本人が慣れ親しんできた日本の動物たちが絶滅の危機にあるのです。

絶滅してしまった生物は、二度と戻ってきません。そして地球上にある多様な生き物は、さまざまな形で直接的・間接的につながっています。ひとつの種が絶滅することによる影響は、他の多くの種におよび、もしかしたら生態系全体のバランスを崩してしまうかもしれません。

たくさんの生物を犠牲にして発展した結果、人類がレッドリストに載る羽目になる…なんてことがないように、他の生物を傷つけない発展のしかたにシフトしなければなりません。

参考

● 環境省レッドリスト2020の公表について（環境省、2020年）
https://www.env.go.jp/press/107905.html
● エコジン（環境省、2018年）
https://www.env.go.jp/guide/info/ecojin_backnumber/issues/18-05/18-05d/tokusyu/2.html
● 令和5年版 環境・循環型社会・生物多様性白書（環境省、2023年）
https://www.env.go.jp/policy/hakusyo/r05/pdf.html
● コアラについて　その生態と、絶滅の恐れが高い理由（WWFジャパン、2023年）
https://www.wwf.or.jp/activities/basicinfo/5340.html
● 日本の絶滅危惧種と生息域外保全（環境省）
https://www.env.go.jp/nature/yasei/ex-situ/step0.html
● More losers than winners: investigating Anthropocene defaunation through the diversity of population trends（Wiley Online Library、2023年）
https://onlinelibrary.wiley.com/doi/10.1111/brv.12974
● Red List of Threatened Species（IUCN、2023年）
https://www.iucn.nl/en/our-work/red-list-of-threatened-species/

17 日本の食品ロス、国民1人当たり、毎日おにぎり1個ずつ

　まだ食べられる食品がゴミとして捨てられてしまう問題を「食品ロス（フードロス）」といいます。

　2021年度の日本国内の食品ロスの量は、推計約523万トンでした。

　国民1人当たりの食品ロスの量は年間42キログラム、1日換算で114グラム。コンビニで売っているおにぎり1個（110グラム）とだいたい同じ重さです。

　ちなみに国連世界食糧計画（WFP）という機関が、世界中の飢餓に苦しむ人々に対して行っている食糧援助の量は年間約420万トン（2019年）。

　日本1国だけで、世界の食糧援助量をすべてまかなえるほどの食品ロスを生み出してしまっているということです。

参考

●**食品ロスとは**（農林水産省）
https://www.maff.go.jp/j/shokusan/recycle/syoku_loss/161227_4.html
●**食品ロス削減関係参考資料**（消費者庁、2020年）
https://www.caa.go.jp/policies/policy/consumer_policy/information/food_loss/efforts/assets/efforts_201130_0001.pdf
●**国連世界食糧計画（ＷＦＰ）の概要**（外務省、2023年）
https://www.mofa.go.jp/mofaj/files/100577867.pdf

18 1.5℃目標を掲げたはいいけれど…

#パリ協定　#京都議定書　#1.5℃

　私たち人類は、18世紀後半の産業革命以降、石油などの化石燃料を大量に燃やして生まれるエネルギーを利用することで発展してきました。しかし、その副作用として発生したのが二酸化炭素（CO_2）などの「温室効果ガス」です。

　私たちが住む地球は、太陽から注がれる「太陽光（太陽エネルギー）」によって温められています。

　地球は降り注ぐ太陽エネルギーの7割を吸収し、残りの3割は宇宙に向けて跳ね返します。温室効果ガスは、地球が跳ね返したエネルギーを吸収し、大気を温める役目をしています。温室効果ガスのおかげで、地球の平均気温は14℃という絶妙に暮らしやすい温度にたもたれているのです。もしも温室効果ガスが一切なければ、大量のエネルギーが宇宙に跳ね返されてしまい、地球の平均気温は−19℃まで下がってしまいます。

　私たち地球に住む生命にとって、なくてはならない温室効果ガス。しかし、ありすぎても困ってしまいます。より多くのエネルギーを吸収し、大気を必要以上に温めてしまうのです。

　これまで人類が化石燃料を大量に燃やし続けたことで、大気中の温

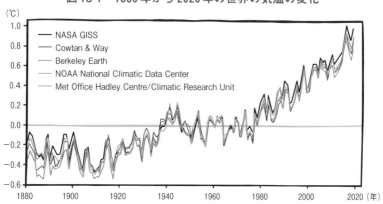

図18-1　1880年から2020年の世界の気温の変化

(℃)

- NASA GISS
- Cowtan & Way
- Berkeley Earth
- NOAA National Climatic Data Center
- Met Office Hadley Centre/Climatic Research Unit

ベースライン(0.0)に対して、各年の気温の高低が5つの調査機関の観測で示されている。
それぞれの分析は、若干の違いはあるが、ほぼ同じ山と谷を示しており、
いずれも過去10年の急激な気温上昇を示している。

＊ A World agreement: Tempratures are Rising(NASA Earth Observetry)

室効果ガスの濃度が上がり、それとともに地球の気温が上昇（温暖化）
してしまいました（図18-1）。温暖化したことで、地球環境にさまざま
な変化が見られるようになったことを気候変動と呼びます。このまま
気候変動が進むと、地球上のあらゆる生命が危機にさらされると予測
されていて、気候変動を抑制（緩和）したり、変化に対応した社会に
シフト（適応）することが、人類の喫緊の課題となっています。

　こうした危機感を背景に、2015年の国連気候変動枠組み条約締約国
会議（COP21）において、「パリ協定」が採択され、2016年に発効しま
した。京都議定書に代わる2020年以降の温室効果ガス排出削減に関
する国際的な取り決めです。一部の先進国のみに削減目標を課してい
た京都議定書と違い、パリ協定では気候変動枠組条約に加盟する196
カ国すべてに削減目標と行動を課すことにしました。
　パリ協定では、地球全体の気温上昇を産業革命前と比べて2℃（でき

れば1.5℃）以内に抑えようという目標が掲げられ、それに向けて各国がそれぞれ自国の削減目標を定めています（各国の目標は5年ごとに提出・更新）。

さらに、2021 年のCOP26で採択された「グラスゴー気候合意」では、気温上昇を 1.5℃に抑えるために、世界のCO_2排出量を「2030 年に 2010 年比45％削減」「2050 年頃までに実質ゼロ」にする必要がある、と合意しました。

そんなわけで、産業革命前と比べた気温の上昇幅を「1.5℃」に抑えようというのが、現在の国際的な目標です。しかしながら、2023 年の時点で、すでに地球の平均気温は産業革命前より 1.32℃上がってしまっていて、1.5℃という目標の達成は難しい状況となっています。

気候変動が進むと、気温の上昇、干ばつや暴風雨の増加、海の温暖化や海面上昇、食糧不足などさまざまな現象が引き起こされ、地球上に住むすべての生物が大きな影響を受けます。私たち人間も、これまでの暮らしを維持できなくなるでしょう。

#気候難民

現在、世界の人口の4割以上にわたる約33～36億人が、気候変動の被害を受けやすい環境下で暮らしています。また気候変動を理由に、居住地を追われたり紛争が発生して難民となる「気候難民」も増えています。

気候変動は世界が団結して向き合わねばならない課題です。今団結しないで、いつ団結するんだ！　というタイミングであるにもかかわらず、世界はまとまるどころか新たな戦争や紛争が次々と起きていて、分断は深まるばかり。気候変動の影響より先に、人類が自らの手によって終わりを迎える……なんてことにならなければよいのですが。

参考

● 2020年以降の枠組み：パリ協定（外務省、2022年）
https://www.mofa.go.jp/mofaj/ic/ch/page1w_000119.html!
● パリ協定（全国地球温暖化防止活動推進センター）
https://www.jccca.org/global-warming/trend-world/paris_agreement
● IPCC第6次評価報告書（IPCC）
https://www.ipcc.ch/report/ar6/wg2/

19 気候変動により故郷を追われる人、
推計3200万人

#気候変動　#気候難民

　近年、気候変動の影響で世界中で起きている干ばつや洪水、ハリケーンなどの異常気象、海面上昇や砂漠化といった環境の変化によって、これまで住んでいた土地に住むことができなくなり故郷を追われる人々が増えています。

　彼らの多くは、もともと紛争を逃れて途上国の土地に設置された難民キャンプで暮らしていたような、弱い立場に置かれた人々です。

　皮肉なことに、気候変動は先進国が排出してきた温室効果ガスによって引き起こされているにもかかわらず、温室効果ガスを出してこなかった新興国や発展途上国（グローバルサウス）の人々がまっ先に影響を受けているのです。

気候変動によって、住み慣れた土地を追われる人々のことを「気候難民（Climate Refugee）」と呼ぶことがあります。これまでの「難民」の定義には当てはまらないため、正式な名称ではありません。

　国連によって定められた「難民の地位に関する1951年の条約」（1967年の議定書と合わせて「難民条約」という）によると、難民は「人種、宗教、国籍、政治的意見やまたは特定の社会集団に属するなどの理由で、自国にいると迫害を受けるかあるいは迫害を受けるおそれがあるために他国に逃れた」人々と定義されていて、気候難民はこの定義にあてはまりません。そもそも、この条約が作られた当時、気候変動の影響で難民が生まれることなど想定されていなかったのです。

　国連難民高等弁務官事務所（UNHCR）による推計では、2023年に気候変動によって国内避難民や難民、無国籍となった人は約3200万人。2050年までには毎年2億人を超えるという予測もあります。

　日本は、世界で5番目の温室効果ガス大量排出国（2020年時点）で、これまで何十年にもわたって温室効果ガスを排出し続けて来ました。遠い異国の気候難民は、私たちと無関係ではありません。

参考

● 気候変動と強制移動（UNHCR）
https://www.unhcr.org/jp/climate-change-and-disasters
● GLOBAL APPEAL 2023（UNHCR、2023年）
https://reporting.unhcr.org/globalappeal
● 2023: A Moment of Truth for Global Displacement（UNHCR、2023年）
https://www.unhcr.org/spotlight/2023/01/2023-a-moment-of-truth-for-global-displacement/
● Natural disasters, storms and droughts: The top climate emergencies for refugees in 2023（UNHCR、2023年）
https://www.unrefugees.org/news/natural-disasters-storms-and-droughts-the-top-climate-emergencies-for-refugees-in-2023/

第2章　地球の寿命が縮む数字──環境問題

地球を再生して、
次の世代に森を残す

清水イアンさん

3T CEO

　1992年生まれ。環境再生型経済を、コミュニティ単位で実装する会社「3T」CEO。森の保護と再生を簡単・楽しく・メインストリームにするNPO「weMORI JAPAN」代表理事。東京で育ちながらも、沖縄の海やボルネオの森など、たくさんの自然に触れながら育つ。ICU在学中に本格的に環境問題に取り組み始める。現在は3Tで大規模な森林カーボンプロジェクトをガーナで立ち上げることに注力中。

主な関連社会問題 10（→52ページ）、14（→63ページ）、18（→71ページ）、19（→74ページ）

#気候変動　#森づくり　#カーボンクレジット

＊以下敬称略、肩書等はインタビュー当時（2023年4月）のものです。

> 私たち3Tはこのカーボンクレジットを企業に売るというビジネスをやっています。

——清水さん初めまして。まず、簡単に今取り組んでいることを教えていただきたいです。

清水　3Tという株式会社の共同創設者をやっています。3Tの根本

的な問題意識は、世界のあらゆる環境問題。環境問題が今まで解決されてこなかった根本には、今の世の中の富が、自然の破壊から生み出されている構図にこそあると思っています。

　つまり、**環境問題を解決するためには、富の生産の構造を、環境を再生させる方向へと切り替えていかなきゃいけない**。この途方もなく大きなパラダイムシフトを加速させたいという思いから会社を立ち上げました。

　3Tのミッションは、地球の再生を加速させること。

　事業として取り組んでいるのは、**カーボンクレジット**を生成する森林プロジェクトで、アフリカのガーナをフィールドにしています。

　簡単に仕組みを説明すると、まずガーナで荒廃してしまった土地や伐採されてしまった土地を見つけて、植樹をします。木が育つにつれて、CO_2を大気中から吸収するので、その吸収した分だけカーボンクレジットが発行されます。私たち3Tはこのカーボンクレジットを企業に売るというビジネスをやっています。

　そもそもカーボンクレジットが何かということをもう少し説明しますね。

　気候変動の問題を解決するにあたって、世界中でCO_2の排出を減らしていかなきゃいけないという、排出量削減のゴールがあります。しかし、世界中の企業がビジネス活動をすると、いくらCO_2の排出を削減してもゼロにすることは難しく、どうしても排出せざるを得ないCO_2があります。気候変動を解決していく上では、企業のCO_2排出量の削減が必須ですが、削減努力をしても出てしまうCO_2の排出量をどうするのかが課題になるのです。そして、それを解決するためにカーボンク

レジットが使われます。

　カーボンクレジットは、どうしても減らすことができない CO_2 排出量を相殺する、つまり**オフセット**するために使われるものです。

　たとえば、ある企業が100トン CO_2 を排出してしまったとしたら、100トン分のカーボンクレジットを購入することで、これを相殺します。私たちは、今市場で必要とされているカーボンクレジットの供給側として、カーボンプロジェクトを開発して、カーボンクレジットを発行しています

――**カーボンクレジット、聞いたことはありましたが、実際にプロジェクトをしている話は、興味深いです。この活動を始めたきっかけはありますか？**

清水　3Tは、立ち上げてから1年ぐらい（2023年現在）のまだ若い会社です。私自身は、3T立ち上げの前からこのビジネスにつながる活動はしていて、森とカーボンクレジットには、数年くらい関わっています。環境問題全般に関しては、もう気づけば10年ぐらい関わっていますね。

　活動を始めたのは大学生の頃です。それまでにも気候変動や種が絶滅してるとかそういった話はもちろん聞いたことがあったんですけど、大学生で得た気づきは少し違いました。**この自然破壊がシステムレベルで起きている、私たちの文明がもつ構造上の問題**であること、つまりは今の社会システムの根本の部分で起きてる問題だっていうことに気づいたんです。「これはやばいぞ」って感じたんですね。

　なぜかというと、今の社会って、環境からの資源や安定した気候条件がないと、成立しないじゃないですか。環境や社会が

ないと、そのさらに上の経済というものを育めない。私たちのウェルビーイングや社会は、**すべて環境に依存している**にもかかわらず、今の社会とか経済のあり方が、一方的にその環境を破壊していくものになっているんです。

　これは大いなる矛盾で、この状態がいつまでも続くと、環境を土台として成り立っている社会も経済も破綻してしまう、その矛盾に気づいたんです。

　もちろん、僕よりも前にそんなこと気づいてる人はたくさんいるので、そこから本を読んだり、いろんな人の話を聞く中で、この矛盾に対する理解を深めていきました。知ることで、自分の世界の見方が本当にひっくり返りました。

　たとえば身近なところでいうと、自分が食べてるご飯とか、乗ってる電車とか、使ってるスプーンとかペンとか、自分の身の回りのすべてをそれまでは疑うことがなかったんですけど、これらがすべて環境破壊に起因しているんだとしたら、僕らの日常の生活は、直接的に環境の破壊に加担してしまっているんです。僕はそれを受け入れることができなかった。そこに対して目をつぶって加担し続けるっていう人生の選択をすることはできなかったんですよね。

　矛盾と向き合って、この矛盾を解除するために、自分の時間とリソースをコミットしたいと思うようになっていきました。

> **最後は胴上げされながら「ああ、世界中に森残せてよかったー」って思い返しながら死にたい。**

——幻想から覚めたっていう感じですね。目を覚ましてしまったら、もう夢見ることができない。目覚めたところでどうすればいいのかという問いですね。

清水　　そうですね。幻想から覚めた感覚はすごくありました。それ
　　　　までは漠然と、世の中はいい方向に向かってるっていう謎の信
　　　　頼があったんです。自分より賢い人たちや自分より知見のある
　　　　人たちが、きっと世の中をいい方向に舵取りしてるだろうと信
　　　　頼していたんですけど、この文明レベルでの根本的な矛盾を
　　　　知ったときに、あれ？　と思ったんですよね。私たちが自ら進
　　　　んでいるこの道は、破綻につながっている……どういうことだ
　　　　ろう、と。その信頼が崩壊して、幻想が解けた。

　　　　ものすごく大きな問題を私たちは抱えているけれど、ほとん
　　　　どの人たちがそれに気づいていないか、それに目を向けようと
　　　　しないっていう状況にも、同時に気づきました。恐怖と失望と
　　　　絶望と混乱が、たぶん同時に来たんです。

　　　　それが次第に自分の中で強くなって、自分の中でそれが無視
　　　　できないようになり、何かアクションせずにはいられませんで
　　　　した。

——社会の矛盾に気づいたときの怖さや、社会への不信感はすごそう
ですね。

清水　　一番最初のフェーズでは、親も信頼できなくなるし、つら
　　　　かったです。

　　　　そこからアクションをするフェーズへ、自分のエネルギー
　　　　を転換していけるようになったのは、同じような気づきや感
　　　　情、これをどうにかしたいとか、大切な自然を守りたいとか**モ
　　　　チベーションを共有できる人と出会っていく中で、まずは孤立
　　　　から抜け出した**ことが大きいです。孤立から抜け出したときに、
　　　　希望が生まれて、アクションをする燃料が生まれてくるような
　　　　感覚がありました。

　もちろん、失望と絶望と混乱は消えはしないんですけど、それよりも、一歩一歩進んでいく行動意欲と少しの希望が生まれてきて、バランスが整い始めたんです。そうするとアクションにコミットしていけるようになる。

　同時に、アクションすることは勇気が求められるので、どうにかがんばって自分の中から勇気をかき集めるんです。まず人に会いに行くとか話しに行くとか、団体に顔を出しに行くとか、説明会に行くとか、ボランティア活動してみるとか、インターンしてみるとか。

　一番最初、全然自分の中に燃料がない状態なのに、勇気をかき集めてかき集めて、怖いけど何かやってみるところから始めました。スノーボールエフェクトっていうらしいんですけど、つまり、小さな小さな雪の粒が、坂やゲレンデを下るにつれて、そこにかき集められる雪が増えていって、気がついたらでっかい雪の塊になっていくみたいな感じ。なので**初動が大事**。

　ステップを刻んで、成功体験を積み上げていくと、気づけば自分の中で行動するモチベーションがすごく自然なことに変化していって、アクションを 継続できるようになって いく。そんな感覚がありました。

　けど、やっぱり最初は超つらかったです。

──環境問題って大きな問題すぎて、自分ができることがちっぽけに見えると思うんです。一人ひとりが何かをして、それが大きな流れになればいいかもしれないけれど、どうしても無力感を感じてしまう。それでも何もしないことはできないと思ってモヤモヤしている人に、どんなメッセージがありますか?

清水　極端かもしれないですけど、**変化を前提に行動しないほうが**

いいと思ってます。実際に無力なので。

　世界に70〜80億人いて、そのうちの１人でできることってあまりにも少ないから。自分が何か行動を起こして、すべてが変わるっていう前提はまず幻想だと思います。

　すごく**現実的な視点**を持つことが、**自分を傷つけないこと**につながると思うんです。自分のモチベーションが「何かを大きく変える」っていう幻想を根っこにするんじゃなくて、もっと**自己完結できるような何かをモチベーション**にしたほうが健康的だと思います。

　そうじゃないと、これをやったのにあれが変わらないとか、これだけ努力したのにあの人は気づいてくれないとか、できないことに目がいってしまう。極端な例だと、海の向こう側のあの政府が変わらないことに落胆してしまう。自分の外部要因の変化をモチベーションにしてると、無力感で行動を取らないことにつながってしまう。がんばりようがわからなくなってしまうんですよね。

　僕自身のモチベーションは、自分が死んだときに、自分の人生をどう振り返りたいかというところを基準にしています。自分が日々どういう選択を積み重ねたら、自分に納得できるのか。そういう自己完結できるところにモチベーションを置いたほうが、持続的な行動につながると思います。

　僕自身、自分をどう評価するかを考えたときに、自分が死ぬときを意識しました。自分が死ぬ寸前、自分の人生を振り返るとき、何を残せていたら、本当に気持ちよく、周りにいる人たちに対して後ろめたさなく逝くことができるのか。その結果、気候変動が最終的に解決できるかどうかはわからないけど、世界中に森をつくって数秒でも気候変動を遅らせることが

　できたら、きっと本望なんじゃないかって自己完結しました。

　僕の想定では、病院かどこかのベッドの上で、友だちや家族に囲まれて、最後は胴上げされながら「ああ、世界中に森残せてよかったー」って思い返しながら死にたい。

　ちょうどそんな想像をしていたのが、この先自分は再生エネルギーに注力するか、森にするのか迷っていた時期なんですが、胴上げされて「良かった」って言いながら逝くなら、「再エネの発電所をたくさん残せた」っていうよりも「世界中に森を残せた」っていうほうがいいなって思って、森を増やす活動に取り組むことを決めました。

——課題解決を目指す手段として、ビジネスを選んだ理由はなんでしょう？

清水　　実は、3Tをやる前の森に関わる活動として、2019年からweMORIという森林の保護と再生を行う非営利団体をやっています。そこでもいかにして森を増やせるのかってことにずっとチャレンジしていて、それが3Tの活動につながっているんです。weMORIのミッションは、非の打ち所のないソーシャル

グッドをより社会に浸透させていくことだと思っているのですが、具体的なインパクト（森の保護と再生をする規模）を考えると、寄付っていう仕組みだけではなかなか難しい。

　これまで、weMORIの活動で完全寄付によってつくった森の最大規模は200ヘクタールでした。ところが、今3Tのほうで話に上がっているのは5万ヘクタールという規模なんです。5万ヘクタール分の雇用という地域コミュニティへのリターンがあるし、環境的なインパクトもある。

　と考えると、いい意味で残す傷跡が大きいのは、完全に後者だと思うんです。

　別の観点だと、完全に非営利、要は人の善意をもとにした仕組みだと、森を植える土地の地元の人に継続的な安心を与えることがすごく難しいんです。

　たとえば、今年1000万円の寄付金を集めることができたので、それをあなたたちにあげます、ということまではできても、その1000万円を来年も集めることができる保証はどこにもない。そこに限界をすごく感じますし、現場レベルで寄付ベースでやってる人たちと話すと、毎年延々と助成金申請をしないといけない。

　活動自体は素晴らしいし、どちらが正しいかなんてやっぱりわかんないですけど、こうしたリアルがある。

　資本主義に則ったモデルは、何が何でも間違っているっていう意見があるんだとしたら、それはあまりにも現実を直視していないと言わざるを得ないと思いますね。

——経済の仕組みをうまく使って、貢献できたら素敵ですね。
清水イアンさんは、海外の環境問題に対するアクションもたくさん見

てきていると聞いています。そこでお聞きしたいのですが、日本でこうした社会問題に関わる活動をすることに、難しさはありますか？

清水　日本でやることの難しさはたくさんあります。

　まず身近なところでは、社会課題に取り込むことに対して深い理解を持っている人が、絶対人数的に少ないと思うんです。なので、社会的な活動のために必要なエコシステム、ソーシャルなエコシステムが獲得しにくい。

　たとえば、団体を立ち上げる、あるいは立ち上げた活動を持続させていく上で、資金が必要になると思うんですけど、環境をはじめとした社会問題をテーマにした活動に対する寄付や投資を促進するエコシステムが少ないんです。少しずつ増えてきてはいるものの、まだまだ資金を得る機会が少ないと思います。

　「ソーシャルグッド」っていう文脈 がより発達している、欧米と比較した場合、日本では「ソーシャルグッド」にまだ目覚め始めたばっかり、という感じがしています。だからこその難しさがある。

　あと、そもそも社会的な活動に対する理解が少ないと感じます。社会的な活動に取り組むことに対する外部からの恐怖にすごくさらされるんです。

　たとえば、社会的な活動に対する周りの友だちの反応が、「それはやるべきだね」っていうよりも、「本当に大丈夫なの？」っていう意見が先行することが多い。親も「NPOって大丈夫なの？」とか、そういった社会通念が、ソーシャルグッドを軸にした取り組みへの足枷になって、メインストリームになれていない。

> 日本は環境分野でリーダーになるポテンシャルが
> ものすごくある。

――なるほど。日本と欧米で、「環境問題」に対する意識は違います
か？

清水　欧米圏では、環境問題に関する会話が、普通に昼ご飯しなが
　　　らあったり、道端で人と話したりするようなテーマであるのに
　　　対して、日本では、環境問題について話すことの敷居がまだま
　　　だ高い気がします。違いは圧倒的です。

　　　メディアの取り上げ方も違います。
　　　ビジネスの文脈では、環境ビジネスを積極的に取り上げてい
　　　る新聞もありますけど、欧米のメディアだと、環境問題に焦点
　　　を置くことはもはや当たり前で、ニューヨークタイムズだろう
　　　がBBCだろうが、みんな環境問題や環境への取り組みに対し
　　　てスポットライトというのは常に当てています。

――日本と欧米で、自然に対する認識、自然観の違いも感じますか？

清水　それほど根本的な世界観の違いは感じないですね。逆に言う
　　　と、日本のほうがより環境に考慮した新しい豊かさの定義を生
　　　み出すポテンシャルがあると思っています。
　　　かつて存在した循環型の社会から、まったく循環を前提とし
　　　ていない工業化社会へのシフトは、基本的には西洋で生まれた
　　　豊かさの定義を輸入したことによって生まれた変化だと思うん
　　　です。けれど、日本には土着の文化として、たとえば自然には
　　　多くの神が存在しているという、独特な宗教感や自然感があ

り、自然をケアすることが豊かなあり方だという観念を共有していた社会だと思うんです。**新しい豊かさの定義**のヒントとなるもの、何ならヒントだけではなく答えもすでに日本のなかにあるかもしれない。根本的なサステナビリティをかなえる世界観は、これから先の未来や、海外のどこかにあるんじゃなく、私たちが今いるこの日本のどこかにすでに転がっているんじゃないかなと思うんです。

　そういう意味で、日本は環境分野でリーダーになるポテンシャルがものすごくある。私たちのすぐ側にある答えを見つけて社会実装すれば、日本は一瞬で環境後進国から超環境先進国に、少なくともメンタリティーの領域ではなることができると信じています。

第 3 章

ジェンダーギャップ
指数125位の数字
──ジェンダー問題

20 日本のジェンダーギャップ指数は
146カ国中125位

#ジェンダーギャップ指数　#男女平等参画社会基本法

　2023年6月に世界経済フォーラム（WEF）が発表した「グローバル・ジェンダー・ギャップ指数」で、日本は125位（146カ国中）と過去最低の記録を更新しました。ジェンダーギャップ指数とは、政治・経済・教育・健康の4部門において、男女間の格差がどれだけあるか

を数値化した指数で、「1」に近ければ近いほど平等で、「0」に近ければ近いほど格差が存在していることを示します。

　日本は教育が0.997（47位）、健康が0.973（59位）とほぼジェンダーギャップがない一方で、政治は0.057（138位）、経済は0.561（123位）と男女の格差が顕著にあらわれています。政治と経済のランキングが低い理由は、閣僚や国会議員、企業の役員や管理職の女性比率が極端に低いためです。

　1999年に「男女共同参画社会基本法」が制定され、性別に関係なく一人ひとりが尊重され、自分らしく活躍しながら生きられる社会（男女共同参画社会）を目指し始めてからはや25年。今もかわらずジェンダーギャップ大国の日本は、他国に大きく遅れを取っていて、改善の兆しすら、なかなか見られません。

参考

● World Economic Forum『Global Gender Gap Report 2023』
https://www3.weforum.org/docs/WEF_GGGR_2023.pdf

21 母子世帯の相対的貧困率は **51.4%**

#相対的貧困率

日本国内の子育て世帯の数は、991.7万世帯。そのうち119.5万世帯が母子世帯、14.9万世帯が父子世帯ですから、現代の子育て世帯の7.4軒に1軒は、ひとり親世帯ということです（2021年）。

ひとり親世帯は、1人の親が家事・育児と仕事を両立しなければならず、働き方が限られてしまうため、ふたり親の家庭に比べて収入が低いといわれています。貧困の状態にある18歳未満の割合を示す「子どもの相対的貧困率」を見てみると、子育て世帯全体の貧困率は11.5%（およそ9人に1人が貧困）なのに対して、ひとり親世帯に絞るとおよそ4倍の44.5%（2.2人に1人が貧困）に上ります（2021年）。

#母子世帯 #シングルマザー

特に貧困に陥りやすいのは母子世帯です。

労働政策研究・研修機構が2018年に行った調査によると、母子世帯の相対的貧困率は51.4％でした。対して、父子世帯の相対的貧困率は22.9％。ひとり親のなかでも、とりわけ母子世帯の貧困が深刻であることがわかります。

　シングルマザーは働いていない人が多いから貧困なのでは？　と思うかもしれませんが、そうではありません。厚生労働省「令和3年度全国ひとり親世帯等調査」によると、日本のシングルマザーの就労率は86.6％。OECD（経済協力開発機構）平均の71％と比べて高い水準です。日本のシングルマザーは「働いても貧困」なのです。

　働くシングルマザーの貧困の裏には、賃金の「男女格差」と、そのほかに「正規・非正規の雇用形態による格差」があります。パートやアルバイトなど非正規雇用の割合は、父子世帯が4.9％なのに対し母子世帯は38.8％と非常に高い水準にあります。女性に対する差別的な取り扱いが格差を生み、シングルマザーの貧困につながっているのです。

参考

●令和3年度全国ひとり親世帯等調査結果報告（厚生労働省、2021年）
https://www.cfa.go.jp/assets/contents/node/basic_page/field_ref_resources/f1dc19f2-79dc-49bf-a774-21607026a21d/9ff012a5/20230725_councils_shingikai_hinkon_hitorioya_6TseCaln_05.pdf
●2022（令和4）年 国民生活基礎調査の概況（厚生労働省、2022年）
https://www.mhlw.go.jp/toukei/saikin/hw/k-tyosa/k-tyosa22/dl/14.pdf
●ひとり親家庭等の現状について（厚生労働省、2015年）
https://www.mhlw.go.jp/file/06-Seisakujouhou-11900000-Koyoukintoujidoukateikyoku/0000083324.pdf
●LMF1.3: Maternal employment by partnership status（OECD Family Database、2023年）
https://www.oecd.org/els/soc/LMF_1_3_Maternal_employment_by_partnership_status.pdf
●子どものいる世帯の生活状況および保護者の就業に関する調査2018（第5回子育て世帯全国調査）（労働政策研究・研修機構、2019年）
https://www.jil.go.jp/institute/research/2019/192.html

22 共働き世帯の家事・育児にかける1日当たりの時間は

妻が3時間24分、夫が51分

#共働き世帯　#性別役割分担

3 hours 24 min

51min

　1980年に1114万世帯いた専業主婦世帯は、2022年には半分以下の430万世帯にまで減少しました。一方で、共働き世帯は614万世帯から倍近い1191万世帯まで増加しています。

　この40年間で専業主婦世帯と共働き世帯の数が逆転し「夫は外で働き、妻は家庭を守るべきである」という性別役割分担は徐々になくなってきています。

　大半の家庭が共働きとなった現在、家庭内における家事・育児の分担はどうなっているのでしょう？

　総務省統計局の社会生活基本調査（2021年）によると、全年代の共働き世帯における男女別の家事関連時間（家事、介護・看護、育児、買い物にかける時間）は、妻が1日当たり3時間24分、夫が1日当たり51分。

　1996年時点の夫の家事・育児時間は20分でしたから、20年間で倍増（31分増）したとはいえ、まだ大きなギャップがあります。

　子育て中の共働き世帯でも、家事負担の不均衡は顕著です。

　6歳未満の子どもがいる夫婦の家事関連時間は、妻が1日当たり7

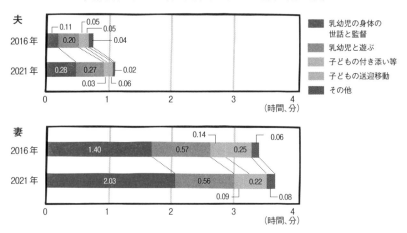

図22-1 家庭内での男女の育児時間比較
(6歳未満の子どもを持つ夫婦それぞれの1週間の育児時間)

夫

2016年：0.20 / 0.11 / 0.05 / 0.05 / 0.04

2021年：0.28 / 0.27 / 0.03 / 0.02 / 0.06

凡例：
- 乳幼児の身体の世話と監督
- 乳幼児と遊ぶ
- 子どもの付き添い等
- 子どもの送迎移動
- その他

妻

2016年：1.40 / 0.57 / 0.25 / 0.14 / 0.06

2021年：2.03 / 0.56 / 0.22 / 0.09 / 0.08

＊令和3年社会生活基本調査（統計局、2021年）を基に作成。

時間47分、夫が1日当たり2時間9分でした。そのうち育児にかける時間は、妻3時間37分、夫1時間6分となっていて、育児負担に3倍以上の差があります（図22-1）。

　家庭によって夫婦の分担の仕方もさまざまです。とはいえ家事・育児はもう少し平等に負担するべきですよね。

参考

- 男女共同参画白書 令和5年版（内閣府、2023年）
  https://www.gender.go.jp/about_danjo/whitepaper/r05/zentai/html/honpen/b1_s00_01.html
- 令和3年社会生活基本調査（総務省、2022年）
  https://www.stat.go.jp/data/shakai/2021/index.html
- 男女別に見た生活時間（週全体平均）（1日当たり、国際比較）：有償、無償労働（男女共同参画局）
  https://www.gender.go.jp/about_danjo/whitepaper/r02/zentai/html/column/clm_01.html

23 男性の育児休業取得率**17.13%**

#育児休業　#育休　#育児休業給付金　#産後パパ育休

　企業で働く人は、子どもが1歳になるまでの間、育児のために仕事を休むことができます。これを「育児休業(=育休)」といいます。育児・介護休業法に定められた休業制度です。

　雇用保険に入っている人は、育休中に「育児休業給付金」を受け取ることができます。給付金の額は、育休前の賃金の最大67%です。

　近年、女性が活躍できる社会の実現に向け、政府や各企業は女性が子育てと仕事を両立できるような仕組みづくりを進めていて、育休についても積極的に取得するよう推奨してきました。

　そのかいあってか、2022年の女性の育休取得率は80.2%と、2006年度の49.1%と比べて大幅に伸びました。

　一方で、男性の育休取得はなかなか進んでいません。女性の80.2%に対して、男性はわずか17.13%。2006年の0.12%と比べると大幅に増えてはいるものの、女性と比較してまだ低いことが課題です（図23-1）。

　2022年4月1日から、育児・介護休業法が改正され、新たに「産後パパ育休（出生時育児休業）」制度が導入されました（10月1日施行）。この

図23-1　育児休暇取得率の推移

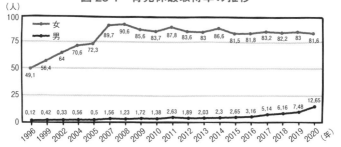

＊令和２年度雇用均等基本調査（厚生労働省、2021年）を基に作成。

制度によって、分割して休業申請できるようになり、以前よりも休業
のハードルを下げることを試みています。

参考

● 育児・介護休業法について（厚生労働省）
https://www.mhlw.go.jp/stf/seisakunitsuite/bunya/0000130583.html
● 令和４年度雇用均等基本調査（厚生労働省、2022年）
https://www.mhlw.go.jp/toukei/list/71-r04.html

介護・看護のために離職した人の
女性比率75.5%

#介護　#看護

　日本国内で家族などの介護をしている人の総数は、628万8000人。
そのうち女性が395万1000人で、全体の63％を占めています（2022年）。
　また、過去1年間に「介護・看護のため」に離職した人10万6000
人のうち女性が約8万人で介護離職者全体の75.5％を占めていました。

家事・育児だけでなく介護も含め、「ケア労働は女性の仕事」という、偏った考え方が社会に根付いていることがうかがえます。

75.5%

参考

●令和4年就業構造基本調査（総務省、2022年）
https://www.stat.go.jp/data/shugyou/2022/pdf/kall.pdf

25 出産を機に退職する 非正規雇用の女性の割合 59.7%

#出産　#出産後の継続就業率　#パート　#派遣

59.7%

第1子出産後に退職する女性の割合は30.5%（2015～2019年）。政府による第1子出産前後の女性の継続就業率の目標は7割なので、一見順調なように見えます。

しかし、出産後の就業継続率には、出産以前の就業形態が大きな影響を与えます。

出産前に「正社員」で働いていた女性の就業継続率は83.4%（そのうち89.6%が育休を利用）であるの

に対し、パート・派遣の女性の就業継続率は40.3％（そのうち58.6％が育休を利用）と正社員の半分以下。95〜99年のパート・派遣の就業継続率が15.2％だった（同時期の正社員は45.5％）ことを踏まえると、非正規雇用の女性の就業継続率も格段に上がったとはいえ、正規と非正規の格差はまだまだ大きいといえるでしょう。

2018年の調査によると、第1子の妊娠・出産を機に退職した人の退職理由として最も多いのは「子育てをしながら仕事を続けるのは大変だったから（52.3％）」。ついで「子育てに専念したかったから（46.1％）」が続きます。

また27.9％の人が「職場の出産・子育ての支援制度が不十分だったから」、10.9％の人が「保育所など子どもの預け先を確保できなかったから」と答えており、支援不足や制度不備が理由で不本意ながら仕事をやめていることがわかります。

24年卒の大学生・大学院生を対象にした調査では、女子学生のうち「子どもができたら仕事をやめて子育てに専念したい」と答えた割合はわずか5.5％。若い女性の多くが出産後も働きたいと考えている時代です。

少子化による人材不足が深刻化している日本。望めば産後も働き続けられる環境整備の推進を、さらに進めていく必要があるでしょう。

参考

●第一子出産前後の妻の継続就業率・育児休業利用状況（厚生労働省、2023年）
https://www.mhlw.go.jp/content/11901000/001101627.pdf
●「第1子出産前後の女性の継続就業率」及び出産・育児と女性の就業状況について（内閣府、2018年）
https://wwwa.cao.go.jp/wlb/government/top/hyouka/k_45/pdf/s1.pdf
●「マイナビ2024年卒大学生のライフスタイル調査」（マイナビ）
https://career-research.mynavi.jp/reserch/20230214_44672/

26 妊娠を理由に公立高校を"自主退学"した
女子生徒の数674人

#妊娠　#自主退学

　2016年6月、京都府立高校において妊娠中の女子生徒に対し「卒業するためには体育の実技が必要だ」と説明し、学校側が休学を勧めたことが問題になりました。

　これを受け、文部科学省が全国の公立高校を対象に妊娠を理由とする退学（＝妊娠退学）の実態に関する調査を行いました。

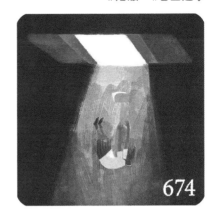

674

　その結果、2015年・16年度の2年間に学校が妊娠の事実を把握した生徒数は、全日制・定時制あわせて2098人。そのうち32.1％に当たる674人が、妊娠を理由に「自主退学」していたことがわかりました（懲戒退学はゼロ）。

　674人のうち642人は本人または保護者の意思に基づいて自主退学していますが、14人は今後についての明確な希望がなかったために学校が退学を勧め、残りの18人は引き続き通学、休学または転学を希望したにもかかわらず学校が退学を勧めていました。「自主退学」とは名ばかりで、実際には学校からの勧めにより退学したケースが少なくとも32件あったということです。

　学校が退学を勧めた理由として最も多かったのは「母体の状況や育児を行う上での家庭の状況から、学業を継続することが難しいと判断

したため」。その次に多いのが「本人の学業継続が、他の生徒に対する影響が大きいと判断したため」です。

　文部科学省は2018年3月29日付けで各学校へ「妊娠した生徒に対し適切な対応を行うこと」を通知し、その中で安易に退学処分や事実上の退学勧告等の対処は行わないことなどを学校側に求めています。

　ちなみに、この調査は妊娠をした女子生徒のみが対象とされています。"妊娠をさせた"側に関する公的な調査は見当たりません。

参考

●妊娠した生徒への対応等について（文部科学省、2018年）
https://www.gender.go.jp/kaigi/senmon/jyuuten_houshin/sidai/pdf/jyu13-04-1.pdf
●公立の高等学校における妊娠を理由とした退学等に係る実態把握の結果等を踏まえた妊娠した生徒への対応等について（通知）（文部科学省、2018年）
https://www.mext.go.jp/a_menu/shotou/seitoshidou/1411217.htm

27 婚姻後に姓を変える
女性の割合95%

#夫婦同姓制度　#女子差別撤廃条約

　民法750条で「夫婦は、婚姻の際に定めるところに従い、夫または妻の氏を称する。」と定められており、現在の日本では、結婚した後に夫婦のどちらかが姓を変えなくてはなりません。これを、夫婦同姓制度といいます。

　法律上は「夫又は妻」と規定されていますが、男女共同参画局の「夫婦の姓（名字・氏）に関するデータ」によると、約95%の夫婦で妻の側が姓を変えています（2022年時点）。

　夫婦同姓の制度については、女子差別撤廃条約の実施状況を監視す

るために国連に設置されている女子差別撤廃委員会から「差別的な規定」だと再三勧告を受けています。

95%

夫婦同姓を義務付けている国は、日本以外にどれくらいあるのでしょうか？

日本政府は、2015年に出された糸数慶子参院議員の「選択的夫婦別姓に関する質問主意書」に対する答弁書の中で「現在把握している限りにおいては、お尋ねの法律で夫婦の姓を同姓とするように義務付けている国は、我が国のほかには承知していない」と閣議決定しています。驚くべきことに、夫婦同姓を義務付けているのは日本だけだと、当の日本政府が言っているのです。

かつては多くの国が夫婦同姓を義務付けていました。しかし女子差別撤廃条約が採択された1979年を境に世界の国々は変わりました。80年代にデンマークやスウェーデン、90年代にドイツ、2005年にタイ、13年にオーストリアとスイスといった具合に各国が選択的夫婦別姓を導入したのです。変わらなかったのは日本だけです。

#選択的夫婦別姓　#非婚化

日本でも、強制的な夫婦同姓に違和感や反感を感じる人々が増え「選択的夫婦別姓」の導入を求める声も日に日に高まっています。

特に若い世代では選択的夫婦別姓に賛成する意見が多く、17〜19歳を対象とした日本財団の18歳意識調査では、若者の78.3%が夫婦別姓制度の導入に賛成でした。女性に絞ると82.9%が賛成しています。

昨今、少子化の原因として、若者の「非婚化」が真っ先に挙げられるようになりましたが、夫婦同姓の義務もまた、結婚を妨げる障壁の

1つです。早急に解消すべきでしょう。

参考

●**夫婦の姓（名字・氏）に関するデータ**（男女共同参画局、2021年）
https://www.gender.go.jp/research/fufusei/index.html
●**女子差別撤廃委員会の最終見解**（仮訳）（内閣府男女共同参画局、2009年）
https://www.gender.go.jp/about_danjo/whitepaper/h25/zentai/html/shisaku/ss_shiryo_3.html
●**日本財団18歳意識調査結果「必ず結婚すると思う」2割以下／「少子高齢化に危機感」7割超**（日本財団）
https://www.nippon-foundation.or.jp/who/news/pr/2023/20230106-83751.html
●**答弁書第三二一号**（参議院、2015年）
https://www.sangiin.go.jp/japanese/joho1/kousei/syuisyo/189/touh/t189321.htm

28 DV被害経験のある女性割合
25.9%（男性は18.4%）

#DV #DV防止法

2020年に内閣府が行った調査によると、配偶者からの暴力を受けたことのある女性の割合は25.9%、男性は18.4%でした。

調査対象となった暴力は4種類。

25.9%

- 身体的暴行（なぐったり、けったり、物を投げるなど）
- 心理的攻撃（人格を否定する暴言、電話・メールなどの監視、精神的嫌がらせなど）
- 経済的圧迫（生活費を渡さない、貯金を勝手に使われる、外で働くことを妨害

されるなど）

● 性的強要（性的行為の強要、見たくないポルノ映像等を見せられる、避妊の非
　協力など）

　このいずれかについて、婚姻経験のある女性の4人に1人が、「経験
がある」と答えています。

　また、上記4ついずれかの被害を“交際相手”から受けたことのある
女性の割合は16.7%、男性では8.1%でした（恋人間での暴力のことを「デー
トDV」と呼びます）。交際相手から暴力を受けた女性の23.7%は「命の
危険を感じた」と答えています。

　2001年にDV被害者の声を受け、超党派の女性議員により「配偶者
からの暴力の防止及び被害者の保護等に関する法律（通称：DV防止法）」
が成立。DV防止法では、「配偶者からの暴力は、犯罪となる行為をも
含む重大な人権侵害である」と定義し、配偶者からの暴力を防止する
ことと被害者の自立を支援することは国および地方公共団体の責務と
定められました。
　DV防止法制定により、各都道府県の配偶者暴力相談支援センター
でDVに関する相談を受け付けたり、DV被害者の一時保護などの体制
が整いました。もし、結婚相手や交際相手からの暴力で悩むことが
あったら、以下の相談窓口に連絡してみてください。

参考

● 男女間における暴力に関する調査（男女共同参画局、2020年）
https://www.gender.go.jp/policy/no_violence/e-vaw/chousa/h11_top.html
● 配偶者からの暴力の防止及び被害者の保護等に関する法律（男女共同参画局）
https://www.gender.go.jp/about_danjo/law/no_violence/dvhou.html

女性の14人に1人が、
無理やり性交される被害にあっている

#強制性交　#強制わいせつ　#性暴力　#性的同意

2020年の調査によると、女性の14人に1人が、無理やり性交などを強要される被害にあっていることがわかりました。男性の被害は、100人に1人の割合で発生しています。

14人にひとり

こうした性被害を経験した人のうち、女性の6割、男性の7割が誰にも相談できないでいます。

2022年の1年間で発生した強制性交などの認知件数は1655件、強制わいせつは4708件ですが、多くの人が誰にも相談できないでいる

状況を踏まえると、警察に届け出られた数（認知件数）は、実際の被害に比べたら氷山の一角にすぎないといえるでしょう。

性犯罪の被害を受けやすいのは、性別問わず若年層です。強制性交の被害者のうち、20代以下が8割以上を占めていて、4割は20歳未満です（2022年）。

内閣府が実施したアンケートでは、16歳から24歳の若年層の4人に1人が何かしらの性被害にあっていることがわかっています（2022年）。

未成年や子どもへの性加害の場合、親や学校の先生、部活の指導者や先輩など被害者よりも年齢や立場が上の人間が暴力を振るうケースが多いことがわかっています。

2023年には、日本の芸能事務所の社長が半世紀以上にわたって多数の未成年男性に性加害を繰り返してきたことが英・BBCによる報道で表沙汰になりました。あの事件も事務所社長と所属タレントという不均衡な力関係を利用した犯罪です。

お互いがその行為を望む意志があることを確認（性的同意）していない状況で行われる性的な行為は、すべて性暴力です。同意の前提は両者が対等な関係性であること。ジェンダーや年齢にかかわらず、支配・被支配の歪な関係性の中で、性暴力は生まれます。

参考

- 男女共同参画白書 令和5年版（男女共同参画局、2023年）
  https://www.gender.go.jp/about_danjo/whitepaper/r05/zentai/html/honpen/b1_s05_02.html
- こども・若者の性被害に関する状況等について（内閣府、2023年）
  https://www.cfa.go.jp/assets/contents/node/basic_page/field_ref_resources/2ff7a807-a6a8-4d4b-87f6-3b136407e7c6/fefea869/20230401_councils_child-safety-conference_2ff7a807_07.pdf

30 痴漢の**検挙数2233件**

#迷惑防止条例　#痴漢　#不同意わいせつ罪

各都道府県は迷惑防止条例の中で「人を著しく羞恥させ、または人に不安を覚えさせるような行為であり、公共の場所又は公共の乗物において、衣服等の上から、又は直接人の身体に触れる」などの行為をいわゆる「痴漢行為」と規定し禁止しています。

電車やバスなどの中での痴漢行為は、迷惑防止条例のほか、刑法176条の不同意わいせつ罪（旧 強制わいせつ罪）によって検挙されます。

#暗数

警察庁によると、2022年の迷惑防止条例違反での痴漢行為の検挙件数は2233件（電車内以外を含む）、電車内における不同意わいせつの認知件数は161件でした。ただこの数字がすべてではなく数多くの"暗数"が存在していると考えられます。

2021年に福岡県警が実施した調査では、痴漢の被害にあったときに「駅員や警察へ通報した」と答えた割合はわずか7.1%。被害者の9割以上が届け出ずに泣き寝入りをしている状況が明らかになりました。

多くの人が、痴漢にあった後にとった行動として「我慢した」「その場から逃げた」と答えていることから、実際の被害件数は警察発表

と大きくかけ離れたものだと考えられるでしょう。

#CHIKAN

　痴漢は深刻な性暴力です。にもかかわらず、かつての日本では痴漢被害がとても軽いものとして扱われてきました。

　マンガやドラマなどの創作物の中では、痴漢は誰もが一度は遭遇する行為として、取るに足らない被害のように描かれることもありました。

　公共の場で当たり前のように性暴力が繰り返される日本社会の異常性は、すでに海外にも知れ渡っているようで、CHIKANは今では国際語になっているのだそうです。

参考

●令和5年　警察白書（警察庁、2023年）
https://www.npa.go.jp/hakusyo/r05/data.html
●痴漢被害の実態等に関するアンケート結果（福岡県警、2021年）
https://www.police.pref.fukuoka.jp/data/open/cnt/3/12162/1/tikan.pdf?20230825115007

31 モデルやアイドルの勧誘を受けた 7人に1人が性的な撮影を求められた

#AV出演強要問題　#AV出演被害防止・救済法

「モデルやアイドルにならないか？」という勧誘をきっかけに、AV出演被害にあう事例が問題になっています。

　2020年に内閣府が15〜39歳の女性（中学生を除く）を対象にした調査の結果、4人に1人（26%）が「モデルやアイドルになりませんか」といった勧誘を受けたことがあることがわかりました。

また、モデルやアイドル等の勧誘を受けたりみずから応募した人のうち、7人に1人（13.4%）が「聞いていない・同意していない性的な行為等の写真や動画の撮影に応じるように求められ」たと答えています。

女性を言葉巧みに騙したり脅したりしてアダルトビデオに出演させる「AV出演強要問題」が多発したことを受け、2022年にできたのがAV出演被害防止・救済法です。この法律によって、出演者の性別や年齢を問わずAV出演の契約を無力化することができるようになりました。

AV出演被害防止・救済法のポイント

- 出演時の性別、年齢にかかわらず契約を無効化するルールが定められた法律である。
- AV撮影における性行為等の強要が禁止になった。
- AV撮影に関する契約を結ぶ際、映像制作者は、1つのAVごとに出演者に対して出演契約書を作成・交付し、契約内容について、詳しく説明する義務があるとした。
- 署名交付義務や説明義務を怠った場合は、契約を無効化することができる。
- 撮影に同意していても、公表から1年が経つまでは、性別・年齢を問わず、出演者の意思によって無条件で契約を解除することができる。

すでにAVの撮影をしてしまったり、作品が配信・販売されたりし

ている場合でも、出演契約をなかったことにしたり、公表を差し止めたりすることができます。

　AV出演被害で困ったときには、「性犯罪・性暴力被害者のためのワンストップ支援センター」（全国共通番号 #8891：はやくワンストップ）に相談してください。

参考

●AV出演被害防止・救済法が施行　AV出演を契約しても無条件でその出演契約をなかったことにできます！（政府広報オンライン）
https://www.gov-online.go.jp/useful/article/202207/1.html
●AV出演被害防止・救済法（令和4年法律第78号）（男女共同参画局、2022年）
https://www.gender.go.jp/policy/no_violence/avjk/index.html

32 性被害者の8割が、被害を届け出ていない

#性被害　#被害届

80%

　警察が認知していない犯罪被害の件数（いわゆる暗数）を調べるため、法務省が2017年に全国6000人（男女各3000人）を対象に犯罪実態のアンケート調査を実施し、3500人の回答を集計しました。

　その結果、全体の1％に当たる35人（女性30人・男性5人）が過去5年間に性的事件の被害にあっていたことがわかりました。

被害にあったと答えた回答者のうち捜査機関に被害を届け出ていたのはたったの5人（14.3%）。28人が被害届を出していないと回答し、残り2人は回答不明でした。

性的事件の被害者の80％以上が捜査機関に被害を届け出ていないことになります。

被害を申告しなかった理由を複数回答で尋ねたところ、

- 「それほど重大ではない（35.7%）」
- 「どうしたらよいのかわからなかった or 被害を届け出る方法がわからなかった（28.6%）」
- 「被害にあったことを知られたくなかった or 恥ずかしくて言えなかった（14.3%）」
- 「捜査機関は何もできない or 証拠がない（14.3%）」
- 「自分で解決した or 加害者を知っていた（14.3%）」

などの理由が挙げられました。

この調査の結果を見ると、あらゆる犯罪のなかでも、性犯罪は特に暗数が大きい犯罪だということがわかります。強盗（43.5%）や暴行・脅迫（41.2%）などは4割超が被害届を出しているのに対し、性的事件（14.3%）やDV（11.5%）はほとんど届け出ず、泣き寝入りしてしまっているのです。

参 考 ....

- 法務省「性犯罪に関する施策検討に向けた実態調査ワーキンググループ」取りまとめ報告書概要：各種調査研究及びヒアリング指摘事項／法務省
  https://www.moj.go.jp/content/001318152.pdf
- 第5回犯罪被害実態（暗数）調査－安全・安心な社会づくりのための基礎調査－／法務省
  https://www.moj.go.jp/content/001316208.pdf
- 令和元年版 犯罪白書／法務省
  https://hakusyo1.moj.go.jp/jp/66/nfm/mokuji.html
....

33 平均給与は
男性563万円、女性314万円

#平均給与　#非正規雇用者　#管理職　#賃金格差

　国税庁の調査によると、「1年を通じて勤務した人」の平均給与は男性563万円、女性314万円。男女の間には249万円の差があります（図33-1）。

　女性の平均給与が低い理由の1つに、非正規雇用者に占める女性の割合（68.1%）が高いというのが挙げられますが、それだけではありません。

　正社員に絞って平均給与を見てみると、男性が584万円であるのに対し女性は407万円。同じ正社員でも男女間で177万円の差があります（2022年）。

　この格差の背景には、管理職に占める女性の割合が低かったり、出産時に一時退職してキャリアが中断されてしまうといった性別による差別や困難があると言われています。

　年齢別の平均賃金を国税庁がまとめたデータを見ると、年齢が進むに従って賃金が変化する様子が、男女で大きくことなることがわかります。

　男性の場合、20〜24歳で291万円だった平均賃金は、年齢が上がるにつれて上昇し、ピークとなる55〜59歳では702万円となり、30年間

図 33-1　年齢階層別の平均給与

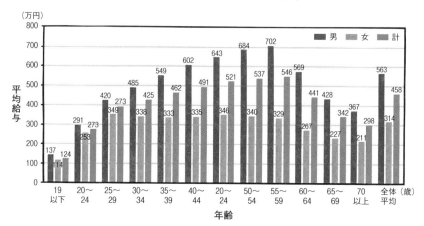

（万円）

凡例：■ 男　▨ 女　▨ 計

年齢	男	女	計
19以下	137	114	124
20～24	291	253	273
25～29	420	349	273
30～34	485	338	425
35～39	549	333	462
40～44	602	335	491
20～24	643	346	521
50～54	684	340	537
55～59	702	329	546
60～64	569	267	441
65～69	428	227	342
70以上	367	211	298
全体平均	563	314	458

平均給与

年齢

＊国税庁長官官房企画課「令和4年分　民間給与実態統計調査　調査結果報告」を基に作成。

でおよそ2.4倍になります。

　一方女性は、20～24歳で253万円、25～29歳でピークの349万円、55
～59歳で329万円と、30年を経てもほとんど上昇しないどころか減少
していることがわかります（2022年）。

　このような男女間の賃金格差を是正するためには、管理職における
女性比率をあげたり、出産しても働き続けられる環境を整え、社会全
体が「家事・育児は女性の仕事」という固定観念から脱却しなければ
いけません。

参考 ....

● 令和4年分　民間給与実態統計調査（国税庁、2022年）
https://www.nta.go.jp/publication/statistics/kokuzeicho/minkan/gaiyou/2022.htm
● 令和4年賃金構造基本統計調査の概況（厚生労働省、2022年）
https://www.mhlw.go.jp/toukei/itiran/roudou/chingin/kouzou/z2022/

....

日本の職業のジェンダーギャップについて

日本には職業選択の自由があります。ジェンダーにかかわらず、どんな仕事にも就くことができるはずです。にもかかわらず、今もまだジェンダーギャップが大きい職場があります。

2010年に閣議決定された第3次男女共同参画基本計画では『社会のあらゆる分野において2020年までに指導的地位に占める女性の割合を少なくとも30%程度とする』という目標を掲げました。しかし、達成期限の2020年を迎えても、ほとんどの分野でこの目標は達成できずに終わりました。結局30%の目標は「2020年代の可能なかぎり早期」という期限の意味があるのかわからないカタチで先送りされています。

ここからは、あらためて職業や職場に焦点を当てて、現代日本のジェンダーギャップを見ていこうと思います。

34 国会議員の女性比率16%

#女性活躍推進法　#国会議員　#候補者男女平等法

2015年8月、「女性活躍推進法」が国会で成立しました。仕事で活躍したいと希望するすべての女性が、個性や能力を発揮できるよう、企業に対して女性の活躍推進のための取り組みを推進することを義務づけた法律です。

そんな法律をつくった国会の場では、さぞ女性活躍が進んでいるのかと思いきや、まったくそんなことはありません。日本の国会の女性議員比率は、衆参あわせて16%（衆議院で10.3%、参議院は26.7%）。衆議院はじつに10人に1人しか女性がいないのです（2023年3月30日現在）。

世界の国会議員が参加する列国議会同盟（IPU）が発表した国会議員の女性比率ランキングによると、日本は193カ国中で164位と、先進国のみならず、あらゆる国々の中で下位に位置しています（2023年10月時点、表34-1、図34-1）。

16%

フランス37.3%、イタリア35.7%、イギリス34.7%、アメリカ29.2%など欧米と比べて圧倒的に少ないのはもちろん、お隣の中国（24.9%）にもだいぶ差をつけられています。

2018年6月には、選挙において男女の候補者をできるだけ均等にすることを政党や政治団体に求める「候補者男女平等法」が施行されました。しかし、その後の選挙でも女性候補が躍進したという話は聞き

表34-1　女性議員比率の各国比較

	過去	最近
日本	8.4%（1946年）	10.3%（2023年）
アメリカ	2.5%（1946年）	29.2%（2023年）
イギリス	3.8%（1945年）	34.7%（2023年）
フランス	5.6%（1945年）	37.3%（2023年）
韓国	0.5%（1948年）	19.2%（2023年）
フィンランド	9%（1945年）	46.0%（2023年）
ニュージーランド	2.5%（1946年）	45.5%（2023年）

＊小数点第二位を四捨五入。
＊二院制の国では下院（日本では衆議院）のみの数字。
＊IPU（https://data.ipu.org/home）のデータを基に作成。

図34-1　各国の女性議員比率の推移

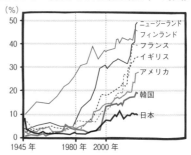

第二次大戦直後はどの国も10%未満で大差ないが、80年代以降は各国で女性の政界進出が進む一方、日本は低水準のまま取り残されている。

＊IPU（https://data.ipu.org/home）のデータを基に作成。

ません。

　自分たちで決めた30%という女性比率をクリアできる日は、いつになったらやってくるのでしょうか。

参考

● **女性活躍・男女共同参画における 現状と課題**（内閣府男女共同参画局、2023年）
https://www.gender.go.jp/kaigi/senmon/wg-nwec/pdf/wg_01.pdf
● 『Women in national parliaments』（IPU）
http://archive.ipu.org/wmn-e/classif.htm

35 **上場企業役員の女性比率、わずか10.6%**

#企業経営　#男女格差

Toilet officer Only

10.6%

　企業には「取締役・会計参与・監査役」などの「役員」といわれる人たちがいます。

　企業に雇用されて業務に当たる従業員と異なり、役員は株主から企業の経営を任された人たちで、従業員を雇用する側のポジションに当たります。

　2023年時点で、日本の上場企業（約4000社）の役員のうち、女性が占める割合はわずか10.6%。2012年の1.6%から、11年間で約6.6倍以上に増えていて、女性役員数も630人から4302人と6.8倍に増えました。

図 35-1 各国の企業役員に占める女性比率の推移

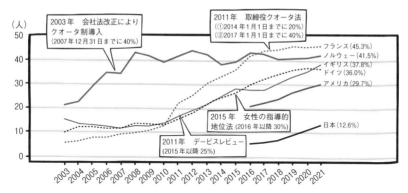

各国で企業役員における女性のクオータ制(一定の比率で男女を割り当てること)の
導入以降、大きく女性比率が向上している。

＊EU は、各国の優良企業銘柄50 社が対象。日本を含む他の国は MSCI ACWI 構成銘柄(2900 社程度、
大型、中型銘柄)の企業が対象(日本の数字が本文中と異なるのは、対象企業が異なるため)。
＊諸外国における企業役員の女性登用について(男女共同参画局、2022 年)を基に作成。

それでも依然として男女の格差は大きく、政府が掲げる「指導的地位に占める女性の割合を30%に」という目標には、まだまだほど遠い状況です(図35-1)。

全上場企業のうちプライム市場という最も上位の市場に上場している大企業(約1800社強)に絞っても、女性役員の割合は16.9%。そして、2割の企業では、女性役員が1人もいない状況です。

他の主要国を見てみると、フランスの女性役員割合は45.2%、イタリアは42.6%、イギリスは40.9%、ドイツ37.2%、カナダ35.5%、アメリカ31.3%。日本を除くG7諸国の平均は38.8%ですから、他の先進国と比べ、日本は企業経営の領域でも男女格差が特別大きいことがわかります(2022年時点)。

参考 ....

●**上場企業の女性役員数の推移**（男女共同参画、2023年）
https://www.gender.go.jp/policy/mieruka/company/pdf/suii.pdf

●**Female share of seats on boards of the largest publicly listed companies**（OECD）
https://stats.oecd.org/index.aspx?queryid=54753

●**我が国の女性役員比率の推移**（内閣府男女共同参画局）
https://www.gender.go.jp/policy/mieruka/company/pdf/yakuin_01.pdf

36　日本人の女性宇宙飛行士
11人中2人

#宇宙飛行士　#向井千秋　#山崎直子　#米田あゆ

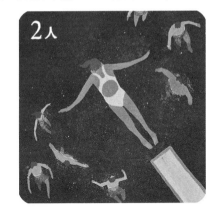

1961年4月21日、ソ連が人類初の有人宇宙船である「ボストーク1号」を打ち上げました。乗船していた宇宙飛行士ユーリイ・ガガーリンの「地球は青かった」という言葉は、今でも語り継がれる人類史に残る名言です。

日本人として初めて宇宙飛行したのは、TBSの創立40周年事業「宇宙特派員計画」で宇宙特派員に選ばれたTBS社員の秋山豊寛さん。秋山さんは1990年12月2日にソ連のソユーズ宇宙船TM-11で宇宙へ飛び立ち、ソ連の宇宙ステーション「ミール」に6日間滞在しました。

その2年後には、NASDA（現・JAXA、宇宙航空研究開発機構）の宇宙飛行士・毛利衛さんが、NASAのスペースシャトルで宇宙へ行っています。

これまでに JAXA（宇宙航空研究開発機構）の宇宙飛行士として宇宙へ飛び立った日本人は 11 人。そのうち女性は、1994 年に日本人女性として初めて宇宙に行った向井千秋さんと、2010 年にスペースシャトル「ディスカバリー号」に搭乗した山崎直子さんの 2 名です。

そして、2023 年には米田あゆさんが、2000 倍もの倍率を突破し、宇宙飛行士に内定しました。米田さんが 2 年間の訓練を終えて宇宙に飛び立てば、3 人目の女性宇宙飛行士となります。

ちなみに、日本の宇宙開発を担う JAXA の全職員の女性比率は20％です。

参考

●JAXA宇宙飛行士（JAXA有人宇宙技術部門）
https://humans-in-space.jaxa.jp/space-job/astronaut/
●宇宙飛行士候補 諏訪理さんと米田あゆさん 会見内容や経歴は（NHK、2023年）
https://www.nhk.or.jp/shutoken/newsup/20230301a.html

37 校長先生の女性比率 19.3%

#校長　#女性教員比率

全国の国公私立の小学校・中学校・高校・特別支援学校における女性校長の人数は 6099 人で、女性比率は 19.3％です。学校の種類別にみると、特別支援学校が 28.5％と最も高く、小学校 25.2％、中学校9.8％、高校 9.3％と続きます（2022 年）。

幼稚園から大学までの教育機関における、フルタイムの教員全体に占める女性の割合も見てみましょう。最も女性比率が高いのは幼

稚園の93.4%。ついで小学校62.6%、特別支援学校62.8%、中学校44.6%、高校33.4%、大学27.2%と続きます（2023年）。

　幼稚園では教員のほとんどを女性が占めていたにもかかわらず、大学では女性教員はごくわずかとなっており、教育内容が高度になるにつれ教員の女性比率が下がっていることがわかります。

19.3%

　特にジェンダーギャップが深刻な、高等教育機関である大学の教員についてみてみましょう。日本最難関ともいわれる旧帝国大学における教授の女性比率は、北海道大学14.9%、東北大学17.2%、東京大学14.7%、名古屋大学19.1%、京都大学14.5%、大阪大学19.7%、九州大学16.2%と、どこも2割にも満たないレベルです（2022年）。

　女性教員から学ぶ機会が少ない学生たちが、政治家や官僚、大手企業の社員になって、日本社会を牽引していくのです。

参考

● 校長等人数及び登用者数（令和4年4月1日現在）（文部科学省、2022年）
https://www.mext.go.jp/content/20221222-mxt-syoto01-000026693_49.pdf
● 令和5年度学校基本調査（速報値）について公表します（文部科学省、2023年）
https://www.mext.go.jp/content/20230823-mxt_chousa01-000031377_001.pdf
● 国立大学における男女共同参画推進の実施に関する　第19回追跡調査報告書（2023年1月23日）
（一般社団法人国立大学協会、2023年）
https://www.janu.jp/wp/wp-content/uploads/2023/05/202301houkoku_01-1.pdf

日本の医師の女性比率<u>22.8%</u>

#医師　#医学部入試　#一律減点　#得点調整

日本の医師の総数は33万9623人。そのうち女性は7万7546人、女性比率はわずか22.8%です（2020年）。

22.8%

OECD（経済協力開発機構）諸国平均の女性医師の割合は、約50%（2019年）ですから、世界的に見て、日本の女性医師の比率はかなり低いほうなのです（図38-1）。

どうして日本ではこんなに女性医師が少ないのでしょうか？

その原因の1つは、医学部入試での女子差別にあるのかもしれません。

2018年、東京医科大学が文部科学省の前局長の息子を不正に合格させていたことが発覚し、調査が行われました。その調査を通じてわかったのが、入試における女子差別の慣行でした。

東京医大の入試では、女子学生と4浪以上の男子受験生に対して一律に減点を行う不当な点数調整が、少なくとも2006年から行われていました。公平・公正であるべき入試で、性別や年齢にもとづいた露骨な差別が繰り返されていたのです。

その後の文科省による全大学調査の結果、他の私立大学の医学部でも女子受験生を差別的に取り扱っていたことがわかりました。不正が

図38-1　OECD諸国の2000年から2019年の女性医師の割合の推移

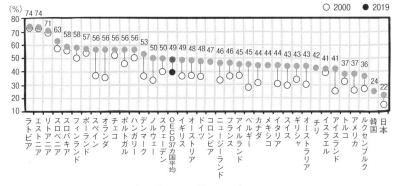

日本がダントツで低いことがわかる。

＊OECD (2021), Health at a Glance 2021: OECD Indicators, Doctors (by age, sex and category)

あきらかになったのは、東京医大のほか、順天堂大、昭和大、北里大、日本大、神戸大、岩手医科大、聖マリアンナ医科大、金沢医科大、福岡大の計10大学です。

#性別役割分担

　このような女性差別的な措置をとっていた理由のひとつとして、「女性医師は結婚や出産で離職することが多く、女性医師が増えてしまうと、結果として医師不足に陥ってしまうから」と大学側は説明しています。

　確かに、いまだに性別役割分担の意識が強い日本では、家事や育児を女性が担当させられることが多く、医療に限らずどの業界でも、出産後の女性の多くが離職を余儀なくされている現状があることは否定できません。だからといって、女性医師を恣意的に抑制するために、公平・公正が大前提の受験の場で、女性差別的な取り扱いをすることが許されるはずはありません。

　女性に差別的な取り扱いをする代わりに、女性医師が出産・育児で

離職しなくて済むようなサポートを充実させたり、男女どちらもが育児負担を分担できるよう医師の働き方を変える必要があります。

参考 ･･

- 令和2年（2020年）医師・歯科医師・薬剤師統計の概況（厚生労働省、2020年）
  https://www.mhlw.go.jp/toukei/saikin/hw/ishi/20/dl/R02_kekka-1.pdf
- The proportion of female doctors has increased in all OECD countries over the past two decades（OECD）
  https://www.oecd.org/gender/data/the-proportion-of-female-doctors-has-increased-in-all-oecd-countries-over-the-past-two-decades.htm
- 医学部医学科の入学者選抜における公正確保等に係る緊急調査最終まとめ（文部科学省、2018年）
  https://www.mext.go.jp/component/a_menu/education/detail/__icsFiles/afieldfile/2018/12/14/1409128_005_1.pdf

･･

39 最高裁判所判事の女性比率 20%

#最高裁判所判事　#性犯罪　#司法

　最高裁判所は、日本国憲法81条によって設置された日本における唯一かつ最高の裁判所。一切の法律、命令、規則または処分が憲法に適合するかしないかを決定する権限（違憲立法審査権）を持つ終審裁判所でもあるため「憲法の番人」とも呼ばれます。

　そんな最高裁判所には、最高裁判所長官を含めた15人

の判事（裁判官）がいますが、そのうち女性は3人しかいないため、女性比率は20％です（2023年）。

　もう少し長期的に見てみると、歴代の最高裁判所判事は合計で190人。そのうち女性は9人（女性比率およそ4.7％）ですから、いくらか改善したといえるかもしれません。

　それでも、最高裁判所は性犯罪を含めたさまざまな事件や、法令の違憲審査における最終的な判断を下す重要な機関です。多様な視点を持つためにも、さらなる女性比率の向上が求められます。

　最高裁判所判事に限らず、司法の分野での女性参画はまだまだ不十分です。

- 裁判官全体の女性比率は23.7％（2021年12月）
- 検察官（検事）の女性比率は25.8％（2022年3月31日）
- 弁護士の女性比率は19.6％（2022年9月30日）

　いずれの3業種とも、男女平等には遠く及びません。

参考 ....

- **日本国憲法**（衆議院）
https://www.shugiin.go.jp/internet/itdb_annai.nsf/html/statics/shiryo/dl-constitution.htm
- **最高裁判所の裁判官**（裁判所）
https://www.courts.go.jp/saikosai/about/saibankan/index.html
- **最高裁判所判事一覧表**（裁判所）
https://www.courts.go.jp/saikosai/about/saibankan/hanzi_itiran/index.html
- **あらゆる分野における女性の参画拡大**（男女共同参画局、2023年）
https://www.gender.go.jp/about_danjo/whitepaper/r05/zentai/pdf/r05_genjo.pdf

40 保育士の女性比率は<u>95.8%</u>

#保育士　#待機児童　#隠れ待機児童　#平均年収

ここまで、女性の社会進出が遅れている事例を挙げてきましたが、女性が非常に多い職場もあります。たとえば、保育士は女性比率が95.8%と、ほとんどが女性によって支えられています。

保育園に預けたくても、預けられない待機児童の数は、全国で2680人（2023年時点）。ここ数年で大きく減少しているものの、特に都市部などでは数百人の待機児童を抱える自治体がいくつもあるなど、引き続き社会問題となっています。

また、実際には希望する認可保育所に入れなかったにもかかわらず、特定の園のみを希望しているなどの理由で「待機児童」としてカウントされていない「隠れ待機児童」が6万6168人いることもわかっています（2023年時点）。

待機児童問題を解決するため、各自治体は新たに保育園を建設するなどの対応に追われています。それに伴い保育士への求人も増えていて、全職種の有効求人倍率が1.03倍なのに対し、保育士の有効求人倍率は2.50倍（2021年）と引く手数多の状況です。

にもかかわらず、保育士の平均年収は全職種の平均501万円よりも

大幅に低い364万円（2021年）です。

　女性比率が高く、人材不足が続いているのに、賃金は低いままという特徴は介護士とよく似ています。

#ケア労働

　かつては育児や介護といった「ケア労働」は、家庭の中で女性が無償で行うものだと考えられていました。

　保育や介護の負担を家庭で担えなくなり、専門職として外部化されてから相当な時間が経ったにもかかわらず、そこに従事する人々の待遇改善は進んでいません。その背景には、「ケア労働は新たな経済的価値を産まない」などの資本主義市場経済のみに基づく偏った社会通念や女性蔑視的な価値観が、いまだ根強く存在するのかもしれません。

参考

● **令和5年4月の待機児童数調査のポイント**（こども家庭庁、2023年）
https://www.cfa.go.jp/assets/contents/node/basic_page/field_ref_resources/f699fe5b-bf3d-46b1-8028-c5f450718d1a/8e86768c/20230901_policies_hoiku_torimatome_r5_01.pdf
● **保育園、入れない子いても「0」　待機児童の数え方とは**（朝日新聞、2020年）
https://www.asahi.com/articles/ASN6Y5K4QN6SUTFL00T.html
● **図表1-2-59　保育士の有効求人倍率の推移**（全国）（厚生労働省、2022年）
https://www.mhlw.go.jp/stf/wp/hakusyo/kousei/21/backdata/01-01-02-59.html

41 非正規公務員の女性比率76.6%

#非正規公務員　#最低賃金

他にも女性が多い分野があります。それは非正規公務員です。

2020年時点で、全国の自治体で臨時・非常勤として働く非正規公

務員は、62万2306人。その
うちの4分の3に当たる47万
6403人が女性でした。

76.6%

　総務省によると、全国の自
治体で働く正規雇用の公務
員の平均月給は35万8817円
（2022年）。
　一方、非正規公務員の給与
はどうかというと、一般職
の非常勤職員として事務補助職員に就いている人の場合、平均時給は
990円。月に20日フルタイムで働いたとしても月給は15万8400円ほ
ど。正規の公務員とほぼ同じ業務をするにもかかわらず、貰える給与
は半分にも届きません（2020年時点）。
　さらに正規雇用の公務員にはボーナスなどの手当も付くため、年収
ではより大きな差が生じます。

　格差解消の範を示すべき行政が、正規・非正規の格差を通して、男
女の賃金格差を温存してしまっています。

参考

● 地方公務員の会計年度任用職員等の臨時・非常勤職員に関する調査結果（令和2年4月1日現在）（総
務省、2020年）
https://www.soumu.go.jp/main_content/000724456.pdf
● 令和4年地方公務員給与実態調査結果等の概要（総務省、2022年）
https://www.soumu.go.jp/main_content/000853386.pdf

みんなが政治に参加して、
共に社会を創る

能條桃子さん

一般社団法人 NO YOUTH NO JAPAN 代表理事／
FIFTYS PROJECT 代表

1998年生まれ。豊島岡女子学園高等学校、慶應義塾大学経済学部卒業。慶應義塾大学院経済学研究科修士。20代の投票率が80％を超えるデンマークに2019年に留学したことをきっかけに、日本のU30世代の政治参加を促進する「NO YOUTH NO JAPAN」を設立し、代表理事を務める。団体名には「若い世代なくして日本はない」という意味を込めた。20年に一般社団法人化。Instagramなどを利用したSNSメディアの運営や選挙の投票率向上に取り組む。

主な関連社会問題 20（→90ページ）、34〜41（→113〜125ページ）、42（→142ページ）

#政治参加　#若者　#ジェンダー

＊以下敬称略、肩書等はインタビュー当時（2023年6月）のものです。

> 私の問題意識の根本にあるのは
> 「公共心＝パブリックマインド」だと思っています。

——能條さん、簡単に自己紹介いただけますか？

能條　大学生のときにNO YOUTH NO JAPAN（ノーユース・ノージャパン）という若い世代の政治参加を促進する団体を立ち上げ、去年、FIFTYS PROJECT（フィフティーズプロジェクト）という政治

分野のジェンダー平等を解消するための取り組みをする団体を
立ち上げました。

　この３月に大学院を卒業して、そこからは一旦、就職はせず
に、この２つの団体や個人の活動をベースに暮らしています。

——それぞれの団体は、具体的にどんな活動をしているのですか？

能條　まず2019年の７月に立ち上げたNO YOUTH NO JAPAN
は、はじめはInstagram（インスタグラム）で選挙のことを、若者
向けにわかりやすく発信することから始めました。

　今でもインスタグラムのメディアで政治や社会のことを発信
しています。投稿をシェアしてもらうことで、意思表明をする
機会をつくりたいと思って続けています。

　そうした発信活動に加えて、今は被選挙権年齢の引き下げに
注力をしています。

　若い世代が投票に行くことも大事だけれど、投票以外にも署
名をする、陳情をする、パブリックコメントを書く、SNSで発
信する、デモに行くなどできることはたくさんあって、立候
補もその１つの手段であるべきだと思っています。けれど、現
状は被選挙権年齢は衆議院で25歳、参議院で30歳、都道府県
知事が30歳で、都道府県議会や市町村レベルの選挙は25歳と、
選挙権年齢（18歳）と大きな開きがあります。

　諸外国でも被選挙権の引き下げの動きが活発になっている中
で、日本でも政治家になれる権利の年齢を18歳まで引き下げ
てほしいと訴えています。被選挙権の引き下げは国会で決める
ことなので、発信に加えて国会議員へのアドボカシー活動もし
ています。

　もう１つ、FIFTYS PROJECTは、2022年の夏に始めてまだ１

年くらいの活動です。昨年の統一地方選挙のときから、20代30代の女性やノンバイナリー・Xジェンダーなどジェンダーマイノリティの方の立候補を呼びかけて、一緒に応援していくムーブメントです。

　日本の地方議員の方って、全国に3万人くらいいるんですけど、その中で20～30代の女性はわずか1%未満なんです。本当に少なくて、代表性が全然担保されていない。当事者だからこそ問題提起できることや政策につなげられることがあると思っているので、ジェンダー平等を進めていくための輪をつくっています。

──政治をキーワードにいろいろと幅広く活動されていると思うんですが、政治が能條さんにとってテーマになったきっかけはありますか？

能條　NO YOUTH NO JAPAN をつくる少し前に、デンマークという北欧の国に留学していたことが直接的なきっかけでした。

　当時21歳で大学を休学して留学したんですが、若者の政治参加意識の違いに驚いたんですよね。日本だと若い世代の投票率は3割ほどで、高くても4割には届かないことが多いのですが、**デンマークの20代の投票率は8割**あるんです。義務じゃないのに、みんなが政治のことを自分のことだと思っているし、声をあげたら変わるものと信じています。

　「この違いはなんでなんだろう」と思って見てみると、教育からメディアの発信から何から何まで違うんです。ジェンダー平等、気候変動、どの問題をとってもデンマークのほうが進んでると思うことが多かったんですが、根底には「政治の風通しの良さ」の違いがあると思いました。

さまざまな社会課題を解決する手段はいろいろありますが、**政治が一番の根底にあって、なおかつ日本の中で一番遅れているところなんじゃないかな**と思っています。

　デンマークで言われて印象的だったのが「**国民と政治家っていうのは鏡の状態だ**」という言葉。良い政治家がいないってことは、良い有権者がいないっていうことですが、これを聞いたときに、「ああそうか！」と納得しました。

　政治を通じて何かをすることを考えたとき、良い有権者が育っていくこと、つまり有権者が、自分たちが求めることをちゃんと政治家に伝えるようになることで、政治家も育っていくということ。そのために、日本で有権者が変わっていくための活動をしようと思いました。

——なるほど。政治を変えるには、まず有権者が変わることが大切なんですね。デンマークに留学をしようと思ったのも、もともと社会や政治に関心があって選んだのでしょうか？

能條　そうですね。もともと社会や政治には関心がありました。当時、大学3年生が終わって1年休学をしたタイミングでしたが、結構そのときから、社会に対してモヤモヤと思っていることはありました。日本社会ってすごく閉塞感があるなと思っていて。

　みんな自分の子どもの将来が心配だからこそ、中学校から私立を受験させたり、さらに大学受験も、って競争社会に追い立てるんだけれども、結局その先に安定した幸せな暮らしがあるのかと言われると、疑問ですよね。社会に出てからも、競争で勝ち取った位置を維持したり、自分や子どもの将来に向けた貯

蓄をするため長時間労働などのハードワークが続きます。今の
社会のあり方では、**自分が本当はどうしたいかを自由に考える**
ことが**難しい**と思っていたんです。

　それに、なんで政治っておじさんばっかりなのかなという問
題意識はすでにありました。
　大学時代、選挙ボランティアをしたときに気づいたのですが、
候補者だけじゃなく選挙に関わる人の顔ぶれが高齢者ばっかり
だったんです。これだと高齢者に向いた政治になるよな、とは
感じていました。

　日本で大学生をしながら、そんなモヤモヤを抱えていたので、
日本とは全然違う国として、福祉国家のデンマークにものすご
く関心があったんです。

——「こうあるべき」という社会規範で敷かれたレールの存在に、生
きづらさを感じますよね。でもそれを「当たり前」として見過ごした
り、そもそも違和感を持たない人も多いと思います。能條さんがモヤ
モヤに気がついたきっかけや背景はあるのでしょうか？

能條　私の問題意識の根本にあるのは「公共心＝パブリックマイン
　　　ド」だと思っています。自分が幸せになるためには、周りや社
　　　会も幸せでなければいけないという感覚が当たり前にあるんで
　　　すよね。
　　　　でも、大学になったときに、周りの友だちみんながそうでは
　　　ないことに気がつきました。

　　　　私のなかの公共心がどういうふうに育まれたのかを振り返る
　　　と、小さい頃から母親と父親だけじゃなくて、かなり親戚が多

い中で育っていることが大きく関係していると思っています。

　母方は和歌山で父方は神奈川なんですけど、今の時代にしてはどちらも親戚付き合いがすごく多い家でした。もちろん経済的には両親がベースなんですけど、人格的には本当にいろんな人たちに育ててもらった感覚があるんです。自己肯定感や社会に対する目線、社会にはいろんな人たちがいるっていう感覚は、本当に周りにいろんな人たちがいる環境で育ったからだと思います。

　英語が得意な親戚のおばさんが英検対策を一緒にしてくれたり、昔ピアノを習っていた人が弾き方を教えてくれたり、一輪車を教えてくれる人がいたり、とにかくいろんな人が私のことを気にかけてくれる環境でした。

　なかでも、おばあちゃんの影響は大きいです。おばあちゃんは長崎出身の被爆経験者で、4歳のときに終戦を経験しています。女性だから、男兄弟より教育の機会に恵まれなかったからこそ、「これからの時代は女の子も勉強できるんだからがんばりなさい」って言ってくれたり、「戦争は絶対ダメだからね」って言われていました。そのときは「ハイハイ」って思ってたけど、今考えれば、社会のことを考える素地はそこで育まれたと思います。

　次に明確な社会の問題意識につながったのは、私立の高校に進学したときです。

　中学までは、地元の公立学校に行ってたんですが、高校進学の際、東京にある私立の中高一貫校に入学しました。そこで地元の公立学校と私立の進学校とのギャップにすごく驚きました。ものすごい教育格差を感じたんです。

　地元のときは、生活保護をもらいながら学校に来てる子もい

たし、親の介護をしながら中学に通う子もいました。シングルマザーの家庭も多く、金銭的に苦労している人もいたから、みんながみんな、勉強をがんばることを期待される環境じゃないこともよく知っていました。

　一方で、入った高校では、クラス45人で1人も親が離婚している子がいない。親も大卒ばかりで、大学に行くために奨学金を借りる子はいない環境です。

　私は、勉強をがんばったから進学校に入学できたと思っていたけど、どう考えても家庭環境の差は大きいと思ったし、同時にこういう人たちが、難関校と言われる大学に入ってエリートになると思ったときに、果たして地元の子たちのような目線を持てるのか、という疑問を持ちました。

——なるほど、ギャップを自分の目で見たことで、問題意識を持ったんですね。

能條　大学生になってから、友人たちがそれこそ自分の恋愛の話とか、どういう相手がいいかとか、結婚はいつかするかみたいな他愛のない話をしていたとき、「親戚付き合いが面倒くさい」っていう話をみんながしはじめて、それを聞いて「めんどくさいっていう発想があるんだ！」って驚きました。

　私の家が、幸い両方とも親戚関係がすごくよくて、いろんな人たちがいるからこそ、いいことがたくさんあったんですよね。
　たとえば中3のとき、一時期勉強でギスギスしすぎて、おばあちゃん家で寝泊まりしていたことがあったんです。思春期でイライラしちゃって「もうダメだ！」「この家にいたらおかしくなる！」って感じで、徒歩1分のおばあちゃんちに数カ月住

んでたんです。

　そういう関係だったんで、おばあちゃんちに行くのが面倒くさいっていう感覚がなかったんですよね。

　他にも、みんなと就職や社会の話をしていると「自分さえよければいいよね」みたいな発言が出てくることがあります。そうした背景には、核家族の中で育って、親も「自立しなさい」と言ってくる。なんて表現したらいいか難しいんですけど、思いやりとか他の人に優しくすることよりも、**勝つことが大事**っていう風潮がある。進学校の中では、そういう教育を受けてる子が多いと感じましたね。

　私の家は、良い学校に行きなさい！という教育方針もなかったのでギャップがありました。

——社会に育てられた感覚、素敵です。今の能條さんのエネルギーの源ですね。自分の生い立ちについても、すごく深くリフレクションされているなーと思いました。能條さんは、大学時代にNO YOUTH NO JAPANを立ち上げて、今も続けていますが、これまでに「本当にこれでいいのかな」って迷いはなかったんですか？

能條　NO YOUTH NO JAPANを立ち上げる以前、デンマークに留学するより前の3年間の大学生活は、めちゃめちゃ迷い人でした。いろんな団体をホッピングばっかりしてたんです。

　大学1年生は、スキーとカメラのサークルに入って学校生活をすごく楽しんでいて、2年生から社会活動にアクティブになっていきました。

　1つのベンチャー企業でずっとインターンしていて、それを続けながら、同時に国際協力にも関心があったので、1年生で

フィリピン、2年生でカンボジアに行きました。あと地方創生にもすごく関心があって、夏休みに愛媛に行ったり、選挙のボランティアをやったり、いくつかの団体に入ったし、いろんな取り組みに足を突っ込んでは、「なんかこれじゃないんだよな」ってハマりきれない。

　それこそ受験の成果だと思うんですけど、それなりにコミュニケーションが取れて、情報処理能力もあって、人が必要としてることがわかるから、団体に入ったときにある程度役に立つことはできる。だけど、心の底から本当に自分がこれをやりたいと感じたり、自分がやる意味をそこまで感じていない。だからすぐに飽きちゃって定着しない。そんなことをずっと繰り返していました。

　これじゃあ良くないと思って、何をしたいかちゃんと考えようと思って、留学を考えたというのもあります。
　やりたいことを決めよう、テーマを絞ろうと思ってデンマークに行ったんですけど、実際留学先では、関心がもっと広がっちゃった。関心はもう広がる一方なんだと気づいて、とはいえ何も絞らないと活動を深められない。であれば、根本がつながってる問題を選んだら、いろんな問題に取り組めると思ったんです。

　また、今までいろんな団体をホッピングしてたのは、その団体が自分がつくったものじゃなくて、誰かがやりたいと言ってるものに乗っかってただけだからだと思って、まずは自分が本当にやりたいと思ったことを自分で始めてみて、やってみて違うと思ったら、活動内容を変えたらいいと考えました。

　そうしたときに、一番しっくりくるのは何か考えたら、やっ

ぱりすべてにつながっているのは政治の問題、政治参加だと落ち着きました。こういう流れでNO YOUTH NO JAPANを始めて、今では4年続けています。

　始めたときはこんなに続けるつもりはまったくなく、2週間限定のつもりだったんです。でも、2週間でフォロワーが1万5000人になったので、ならもっと続けるか！……ということで今に至ります。

　最初から覚悟が決まってたというより、やってるうちに巻き込んだ人が増えすぎて、引けなくなったし、やっていくうちに面白さや、わからないことがどんどん増えてって、結果、今も続いてるという感じですね。

　その後、大学院に入る直前に、当時オリンピック・パラリンピック組織委員会の会長だった森喜朗氏の女性蔑視発言（筆者注：「女性がたくさん入っている理事会の会議は時間がかかります」「私どもの組織委員会に女性は7人くらいか。7人くらいおりますが、みなさん、わきまえておられて」などの発言）があって、大学院に入った後もジェンダーに関する活動をやりたいと強く思っていたんですよね。なので、この頃にはもうやりたいことがかなり明確にありました。

　私に強い意志があったので、暮らしていけるのであれば、親を含めて誰も反対する人はいませんでした。大学2年生くらいまでは、親も「せっかく慶應に入ったし、いい企業に就職してほしい」みたいな気持ちはあったみたいですけど、3年生のときには、もうあきらめがついたのか、この子は自由に生きてくんだと思ったのか、あんまり言われなくなりました。

　今も心配はしてるけど、それ以上に応援してくれてると思っています。

> 物事を見る物差しが増えれば、
> 社会の見え方もとらえ方も変わることがあるんです。

――家族との良い関係性を感じます。能條さんは多様なコミュニティとの接点や、自分からたくさんの挑戦をする中で、さまざまな社会問題に気づき、活動につながっていった。でも世の中には、そうした社会問題に気づきさえしない人もいるかもしれません。そんな若い世代に対して、何かメッセージはありますか？

能條　私はなんだかんだ結構恵まれて育ったタイプなので、かつては自分が社会問題の当事者だと感じたことはなかったんです。

たとえば中学生で進学先の高校を選ぶとき、女子校に行きたかったけれど、選択肢がすごく少ない。偏差値の高い進学校って男子校ばっかりで。そのときに、「男子だったら良かったのに」とは思ったけれど、それが社会課題だという認識はなくて、ただ“そういうもの”だと認識していました。

その後、歴史を学ぶことで、ジェンダーによる差が意図を持ってつくられたことを知りました。そして、おかしいものは「変えられる」と思えるようになったのは大学に入ってからです。

　なので、やっぱり勉強すれば面白いことがあるし、見える景色が本当に変わると思っています。物事を見る物差しが増えれば、社会の見え方もとらえ方も変わることがあるんです。自分の場合は、知れば知るほど自分がいかに恵まれてたのかということもよくわかりました。

　だから、今見えている景色だけであきらめないで、「おかしいな」と思うことがあったら、怒っていいと思っています。おかしいと思ったことを飲み込む必要はないんです。**飲み込んでしまったら忘れてしまうので**。そういうことは、ちゃんと忘れずに覚えておいた方がいいと思います。

　もし、「おかしい」と思うことがないという人は、今の社会の中で、とても恵まれた環境で暮らしてきたということです。そういう人は、他の人が発している声に耳を傾けて、力を貸せるようになってほしいと思っています。

──環境、貧困、ジェンダー格差、動物福祉、戦争、差別…社会問題って多種多様ですよね。能條さんはそれらを構造的に見ることで、あらゆる問題の根本に「政治」があると気づけた。ただ、多くの人が問題を個別にしか見ずに、その分野の特殊な事情から起きていると考えたり、もっと言えば社会的な問題を個人の問題として解決も自己責任だと考えたりしてしまいがちです。能條さんのように社会問題が社会構造の中で生み出される問題ととらえるためには、何が必要だと思いますか?

能條　問題を構造としてとらえるの は、学ぶことしかないと思っています。つまり、知識を得ること。感性だけで構造の問題には気づかないと思うんですよね。私もモヤモヤしていた社会問題が、構造の問題だって気づいたのは、歴史を学んだり、いろんな人の話を聞いたりしたからです。

　自分がおかしいと思っていたことは、自分個人の問題じゃなくて、この日本社会の問題だったという気づきがあったんです。その問題がどうやってつくられたかといえば、法律や制度、人々の意識、"常識"と認識されているものが要因であることがある。

　自分がモヤッとしていることは、ただ自分の目の前の人との間で起きてることではなく、もっと大きな社会の話かもしれない。気づくためには、やっぱり学ぶことが不可欠だと思います。

　その上で、人間はお互いに平等だという概念をベースに、自分のためだけではなくみんなのため、社会のため、という「パブリックマインド＝公共心」を育むことができたら、もっと良い方向に進むと思うんです。愛国的なナショナリズム的な方向ではなくて。

　私も、そうした社会思考というか、パブリックマインドをどうやったら育てることができるのかを考えるのですが、正直すぐには難しいと思っています。

　私は地域や親戚の人々に育ててもらったのと同じように、自分も他の人に対してなにかを提供したいと思っています。でも、もし私が子ども時代、放課後は塾に通ってばっかりで、学校の先生と塾の先生と親という限られた関係性の中で育ったのであれば、市場経済の外にあるような「みんなのために何かをする」という発想や互助的な活動への共感を持つことは、どうし

ても難しいと思うんです。

　だから、今思っているのは、やっぱり「どう育つか」が大事だということ。そう思うと、特効薬はなくてすぐに変わるものではないのかな、と。

──チャリツモでもさまざまな社会問題を扱ってきましたが、それらのほとんどの問題に通底する課題があると思っています。たとえば、権利意識の欠如や民主主義の本質的な理解のなさがある。一人ひとりがさまざまな権利を持っていることを自覚したり、この民主主義国家の主権者オーナーでもあるという意識を持って欲しいと強く思っています。自分のことをもっと大切にしながら生きてほしいです。ただ、その根幹には、能條さんが言うような公共心があって、自分も他人も大切な存在だと、一人ひとりが当たり前に思える社会にしたいと思っています。すぐに変わることはないだろうけど、一緒にがんばって行きましょう！　応援してます。

第**4**章

政治に興味が
ないとこうなる
という数字

—— 政治問題

42 60代の投票率は**71%**、20代は**36%**

#投票率 #被選挙権

みなさんは日本の国政選挙の投票率がどれくらいかご存じですか?

2021年に実施された第49回衆議院議員総選挙の投票率は55.93%、2022年に実施された第26回参議院議員通常選挙では52.05%でした(図42-1)。

日本では、09年の政権交代が起きた衆院選で69.3%をマークして以来、60%を超えたことはありません。

では、年齢別に投票率を見てみるとどうでしょう?

2021年の衆議院選挙の投票率を年代別にみると、60代が約71.43%であるのに対し、20代は約36.50%と60代の半分ほど。どの選挙でも年長者ほど投票率が高く、若者ほど投票率が低い傾向にあります。

年長者に比べて若者が投票しない理由はなんでしょう?

2022年に東京都が行った選挙に関する世論調査では、20代で投票に行かなかった若者にその理由をたずねたところ、「投票所に行くのが面倒だったから」(30.9%)、「仕事が忙しく時間がなかったから」(25.5%)、「候補者の人柄や政策がわからなかったから」(25.5%)などの回答と並んで、「適当な候補者がいなかったから」(12.7%)という理由が挙げら

図42-1 衆議院議員総選挙（大選挙区・中選挙区・小選挙区）における投票率の推移

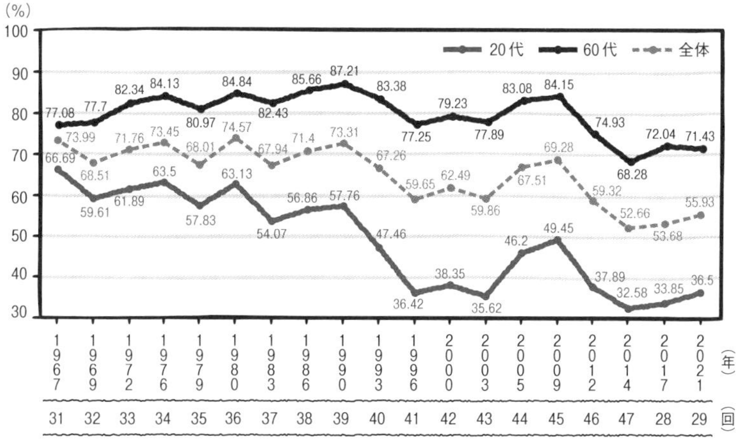

*国政選挙における投票率の推移（総務省）を基に作成。

れています。投票したいと思えるような候補者がいないため、投票を棄権する若者が少なくないのです。

　そもそも、若者世代を代表するような若い候補者が少なすぎます。2021年の衆院選では全候補者1051人のうち20代・30代はわずか9.4%、10人に1人もいないのです。

　若い候補者が少ない背景には、各政党や政治団体が若者の立候補を積極的に応援していなかったり、若者自身が選挙を戦うためのお金や人手を用意できないといった理由のほかに、そもそも立候補する権利（被選挙権）が若者に与えられていないという問題があります。

　現在日本では投票は18歳からできるにもかかわらず、立候補ができるのは25歳から、参議院議員や都道府県知事に至っては30歳以上でないと立候補できません。新成人は少なくとも7年間は選挙に出ることが許されないのです。

　投票に行ったところで自分たちの世代を代表する候補者はいないし、

自分が出馬することも制限されている…若者が政治に興味を持たないのも当然といえば当然のことなのかもしれません。

　若者の低投票率を、彼らの政治参加意識の問題として片付けてはいけません。彼らの政治参加を妨げる社会の仕組みに気づき、変えていきましょう。

参考

●**国政選挙における投票率の推移**（総務省、2023年）
https://www.soumu.go.jp/senkyo/senkyo_s/news/sonota/ritu/index.html
●**国政選挙における年代別投票率について**（総務省、2023年）
https://www.soumu.go.jp/senkyo/senkyo_s/news/sonota/nendaibetu/
●**U30世代の投票率向上のための施策案について**（株式会社日本総合研究所、2022年）
https://www.jri.co.jp/page.jsp?id=104071

43　旧優生保護法のもとに行われた強制不妊手術は1万6500件以上

#優生保護法　#人工妊娠中絶　#優性手術　#強制不妊手術

　日本にはかつて「優生保護法」という優生思想を体現した法律がありました。

　「優生上の見地から不良な子孫の出生を防止するとともに、母性の生命健康を保護する」ことを目的としたこの法律のもと、遺伝性疾患を持つ人や精神障害者、知的障害者などに対し、人工妊娠中絶

1万6,500人以上

や優性手術という生殖機能を奪う手術が、国費負担で行われていました。

優生保護法が施行されていた1948年から1996年までおよそ半世紀の間に、本人の同意がないまま行われた優生手術は1万6500件以上にもなります。なかには未成年のうちに手術された人も多く、わずか9歳で手術を強制された少女もいました。

#優性思想　#津久井やまゆり園

この法律の根底にある「優性思想」とは、障害の有無や人種など個人の特性や属性を基準に命に優劣をつけ、弱いものや価値の低いものは社会の役に立たないのだから切り捨ててもよいとする思想です。

優生保護法が廃止された1996年から20年後、相模原の知的障害者施設「津久井やまゆり園」で大量殺傷事件が起き、入所者19人が亡くなりました。裁判で障害者を殺した理由を問われた犯人は「意思疎通の取れない障害者が社会にとって迷惑だと思ったからです。社会の役に立つと思ったから」と述べました。この考えこそ、まさに優生思想そのものです。

最近でも、ユーチューバーが自身の動画で「ホームレスの命はどうでもいい」と語ったり、人気の学者が「高齢者は集団自決すればいい」と公言したりして、問題になっています。優生思想は今も私たちの社会にこびりついたままです。

人はみな、生きていれば必ず弱者になります。事故やストレスで障害を負うこともあるし、何もなかったとしても必ず年を取ります。老いれば自然と身体や頭が思うように動かなくなるでしょう。そうなったら健常者も障害者も違いはありません。

少子高齢化の進行により、少数の若者が多くの高齢者を支えなければならない時代になりました。負担の重さから「弱者を切り捨てたい」と考える若者も少なくありません。だけど、そうした選択をした

先にあるのはどんな未来でしょう？

　優生思想が広がった社会を想像してみてください。自分がいつ「役立たず」のレッテルを貼られるかビクビクしながら、人の顔色ばかり気にして生きていかなければならないでしょう。控えめに言って、地獄です。

　地獄への入り口は、私たちの社会のいたるところにあります。

 参　考 ....

●優生保護法（衆議院）
https://www.shugiin.go.jp/internet/itdb_housei.nsf/html/houritsu/00219480713156.htm
●旧優生保護法ってなに？（NHKハートネット、2018年）
https://www.nhk.or.jp/heart-net/article/53/
●私は生きる価値がないですか？（NHK、2023年）
https://www3.nhk.or.jp/news/html/20230724/k10014140431000.html

....

44　国と地方の債務残高、対GDP比率258%

#借金　#一般政府債務残高　#債務残高対GDP比率　#GDP

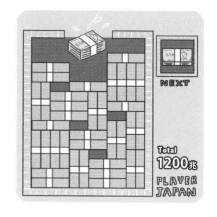

　日本政府は毎年の支出を税収だけではまかなえずに、借金を繰り返してきました。その結果、世界に類を見ない借金大国になっています。日本の国と地方（中央政府と地方政府）の借金の総額は、およそ1200兆円。国民1人当たりに換算すると1000万円と

図44-1 日本の普通国債残高（国の借金）の推移

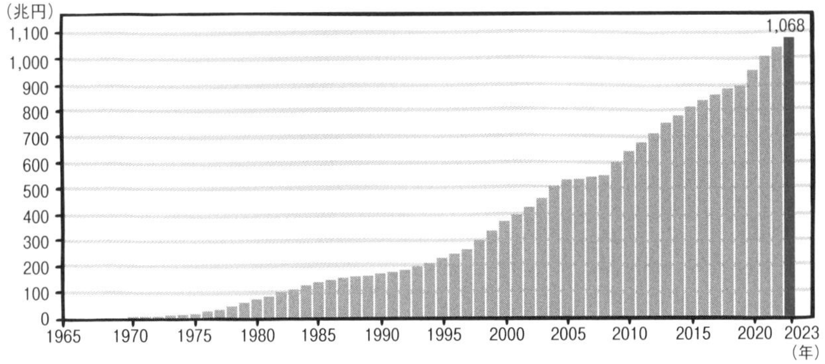

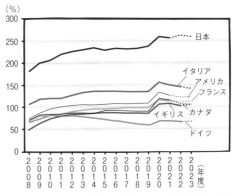

（兆円）
1,068

（注）2022年までは実績、2023年度は予算に基づく見込み。
＊日本の借金の状況（財務省）を基に作成。

いうとんでもない金額です（図44-1）。

　他の国と比べてみましょう。国ごとの借金を比べるのに用いられる指標が借金の額をその国のGDP（国内総生産）で割った「債務残高対GDP比率」です。IMF（国際通貨基金）のデータによると、日本の債務残高対GDP比率はおよそ258%です（国債基準に合わせて国と地方の借金のほか社会保障基金を足して計算したもの）。

　他の主要国は、アメリカ122.2%、イギリス106.2%、ドイツ67.2%、フランス111.4%、イタリア140.3%。2010年代初頭に財政危機で破綻したギリシャでさえ170%

図44-2　各国の債務残高（対GDP比）の推移

（%）

日本
イタリア
アメリカ
フランス
イギリス　カナダ
ドイツ

＊「債務残高の国際比較（対GDP比）」2023年（財務省）を基に作成。

（2022年）ですので、日本が飛び抜けて巨額な債務を抱えていることがわかります（図44-2）。

#財政法　#特例公債法

実は、日本の財政法では、国債発行は原則禁止されています。財政法第4条には「国の歳出は、公債又は借入金以外の歳入を以て、その財源としなければならない」と定められているのです（ただし書きで、将来に渡って資産となるインフラをつくるための建設国債のみ発行できるとされている）。

しかし1965年に赤字国債を1年限り認める「特例公債法」を制定し、初めて赤字国債が発行されました。その後、1975年以降は特例法を毎年のように繰り返し、赤字国債を発行し続けています。

日本政府の税収と歳出の推移を示すグラフを見ると、バブルが弾けた1990年代初頭以降、収支の差が拡大し続けてきたことがわかります（図44-3）。差がいつまでも埋まらないグラフは「ワニの口」と表現

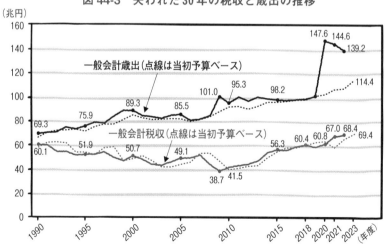

図44-3　失われた30年の税収と歳出の推移

＊「財政に関する資料」（財務省）を基に作成。

されますが、最近はコロナ禍の財政出動のため、ワニの口はめくれ上がったようになっています。

　ワニの口を塞ぐには、一体どうすればよいのでしょう。

参考 ....

● **日本の財政関係資料**（令和4年4月）（財務省、2022年）
https://www.mof.go.jp/policy/budget/fiscal_condition/related_data/202204.html
● **債務残高の国際比較**（対GDP比）（財務省、2023年）
https://www.mof.go.jp/tax_policy/summary/condition/007.pdf
....

45 重大犯罪の賠償金、全額支払われたのは**4.4%**

#損害賠償　#賠償金回収率

4.4%

　犯罪をおかしたら、加害者には懲役や罰金などの「刑罰」が課せられます。罰金は、被害者に支払うのではなく、国庫に入ります。

　被害者が経済的な補償を求めるためには、民事裁判などで「損害賠償」を求める必要があります。国が法律によって刑罰を科す「刑事事件」と、私人間の利害調整をする「民事事件」は明確に分けられているのです（刑事裁判を担当した裁判所が、引き続き損害賠償請求の審理を行う「損害賠償命令制度」という仕組みもあります）。

しかし、民事裁判の判決で損害賠償請求が認められたにもかかわらず、被害者に対してお金が支払われないケースが少なくありません。加害者が「お金がない」などの理由で、支払い義務を果たさず、逃げてしまうのです。

　2018年に行われたアンケート調査によると、殺人などの被害者が死亡した事件の賠償金回収率（裁判などで認められた賠償額のうち実際に被害者に支払われた金額）は、殺人事件で13.3％、傷害致死で16％、強盗殺人にいたってはわずか1.2％でした。

　全額支払われたという人の割合は全体のわずか4.4％、20人に1人もいません。支払いが1円もなかったという回答が半数を占めています。

　賠償金の回収を妨げている要因の1つが、損害賠償の債権者が「債務者の財産を見つけるのが困難」であること。

　損害賠償請求の際には、捜査権限を持つ警察のような組織が介入しません。裁判所に「強制執行」を申し立てるにしても、差し押さえるべき財産は債権者自ら探し出さなければならないのです。

#民事執行法　#犯罪被害者等給付金

　こうした状況を受け、2019年5月に「民事執行法」が改正されました。これにより、第三者から財産の情報を取得する手続きが設けられたり、債務者が財産開示の手続きに協力しない場合の罰則を強化するなどの改善がなされました。

　それでも、そもそも債務者が本当に財産を持っていない場合、債権者（犯罪被害者）が泣き寝入りせざるを得ない状況は変わっていません。殺人などの被害者遺族や重い障害が残った犯罪被害者に対して国が給付金を支給する犯罪被害者等給付金という制度もあるものの、見舞金的な性格のため給付額はごくわずかです。

2024年2月、警察庁は犯罪被害者給付金の給付額を大幅に引き上げる方針を固めました。

　殺人などの犯罪によって傷つけられ、そのうえ賠償金は踏み倒されて、やり場のない苦しみを募らせてきた被害者を救済するための仕組みづくりが、ようやく前に進みはじめました。

参考

- 犯罪被害者等補償法制定を求める意見書
  https://www.nichibenren.or.jp/library/pdf/document/opinion/2023/230316_6.pdf
- 損害賠償請求に係る債務名義の実効性に関するアンケート調査　集計結果（日本弁護士連携、2018年）
  https://www.nichibenren.or.jp/library/ja/committee/list/data/songaibaishouseikyuu_saimumeigi_questionnaire.pdf

46 36の国と地域で同性カップルの結婚の権利が認められている

#同性カップル　#法の下の平等

　世界では、異性カップルと同様に、同性同士が結婚する権利（同性婚）を認める国が増えていて、いまでは36の国と地域で同性婚が認められています（2024年1月時点）。

　こうした動きは、基本的な人権意識からきており、どんな性的指向を持っていても人として平等で同じ権利を

持つという考えのもと、各国で合法化が進んでいるのです。

　しかし、日本では同性婚はまだ認められていません。
　日本国憲法で婚姻について「両性の合意のみに基いて成立（第24条）」すると書かれていることから「同性婚を認めることは憲法違反だ」として同性婚に反対する人もいます。しかし、憲法では同時に「法の下の平等（第14条）」が認められていることから、「同性婚を認めないことこそが憲法違反ではないか」として、全国で国に賠償を求める集団訴訟（「結婚の自由をすべての人に」訴訟）を起こして闘っている当事者もいます。

#パートナーシップ制度
　国が同性婚を認めない一方、地方自治体が同性カップルが結婚に相当する関係であることを証明する「パートナーシップ制度」を導入する動きは全国に広がっています。2015年に渋谷区と世田谷区で初めて制定されてから8年後の2023年6月の時点で、じつに328の自治体でパートナーシップ制度が制定されています。しかし、パートナーシップ制度はあくまで補完的な制度で法的拘束力はありません。結婚ができないことによる社会的な不利益の解消には至りません。

　2019年に始まった「結婚の自由をすべての人に」訴訟では、これまでに全国5つの地方裁判所で判決が出ていて、うち4つは同姓婚を認めないことを違憲だと判断しています。日本でも、すべての人が結婚する自由を手にする日は、そう遠くはないはずです（2024年2月現在）。

参考 ....
●世界の同性婚（Equal Marriage Alliance Japan、2023年）
　http://emajapan.org/promssm/world
●同性婚 世界の現状は（NHK、2023年）
　https://www.nhk.jp/p/catchsekai/ts/KQ2GPZPJWM/blog/bl/pK4Agvr4d1/bp/pQMkk09WMB/

● 日本のパートナーシップ制度 （Marriage for All Japan）
https://www.marriageforall.jp/marriage-equality/japan/

47 報道の自由度ランキング、日本は**68位**

#報道の自由度ランキング　#ジャーナリズム

国際NGO「国境なき記者団」が、2002年から毎年発表している「報道の自由度ランキング」。これは、世界180カ国の国と地域を対象に、各国の報道機関の活動と政府による規制の状況をランキング形式でレポートするものです。「メディアの独立性、多様性、透明性、自主規制、

インフラ、法規制」といった側面から客観的な指標で評価し、その国や地域で報道の自由がどれほど保証されているかを示しています。

これまでの日本の最高位は2010年の鳩山内閣（民主党）時の11位でした。民主党政権下では、政府による記者会見を一部オープンにする試みを行うなど、報道の自由に寄与する動きがありました。

しかし、2013年に政権交代が起こり、自民党・安倍内閣になってからは大幅にランクを下げ、2016年、2017年には過去最低の72位を記録。その後も60位代後半で低迷しています。

最新版である2023年のランキングでは、史上2番目に低い71位を

記録した前年から3ランク回復し68位。いつもどおり、G7（フランス、アメリカ、イギリス、ドイツ、日本、イタリア、カナダの主要7カ国）の中では最下位でした。

ランキング発表に際して、国境なき記者団は、日本の報道について以下のような声明を出して問題点を指摘しています。

メディアの状況

日本では、伝統的なメディアの影響力がニュースサイトよりも依然として強い。主要な新聞社や放送局は、日本の5大メディア・コングロマリットによって所有されている。読売と朝日はそれぞれ1日680万部、400万部と世界でも有数の新聞発行部数を誇る。同時に、日本放送協会（NHK）は世界第2位の公共放送局である。

政治的背景

2012年以降、民族主義右派が台頭したことで、多くのジャーナリストが、政権からジャーナリズムに対する不信感、さらには敵意さえ抱く風潮に不満を抱いている。既成の報道機関しか政府行事へのアクセスや政府高官へのインタビューを許さない「記者クラブ」制度は、ジャーナリストの自己検閲を後押しし、フリーランスや外国人記者に対する露骨な差別となっている。

法的枠組み

2021年に制定され、2023年に初めて適用される曖昧な表現の規制（※）は、福島原発のような「国家安全保障上の利益」とみなされる防衛施設やインフラに近い58の地域への一般市民（ジャーナリストを含む）の立ち入りを制限している。政府はまた、「違法に」入手した情報の公表を最高10年の懲役に処する特別秘密保護法の改正も拒否している。

（※2023年に初めて適用された土地利用規制法のこと）

社会文化的背景

　日本政府と企業は主要メディアの経営に日常的に圧力をかけており、その結果、汚職、セクハラ、健康問題（新型コロナウイルス、放射能）、公害など、センシティブとみなされる可能性のあるテーマについて、激しい自己検閲が行われている。2020年、政府は新型コロナウイルスによる健康対策を口実に、記者会見に招待するジャーナリストの数を大幅に減らし、公共放送のNHKを、重大な国家的危機が発生した場合に政府の「指示」に従うことになっている組織のリストに加えた。

安全性

　日本のジャーナリストは比較的安全な労働環境を享受しているが、「中傷的」とみなされる内容をリツイートしただけで政治家から訴えられた者もいる。SNS上では、ナショナリストグループが、政府を批判したり、福島原発事故による健康問題など「非国民的」なテーマを取材したりするジャーナリストに対して日常的に嫌がらせを行っている。2022年12月には、日本外国特派員協会に「日本外国特派員協会を爆破し、2人の記者を殺す」という脅迫電話が数回かかってきた。

　このように、日本のジャーナリズムは国際的に厳しい評価を受けています。最近では、日本のメディアが無視してきた問題が、海外メディアからの指摘によって明らかになるケースも増えています（特に性加害事件に関連して）。

　自分たちの社会の問題に我々自身が気づき、解決する。民主主義社会であれば当然のあり方ですが、それを支えるのはジャーナリズムです。報道の危機は、民主主義の危機といえるでしょう。

参考

● 国境なき記者団｜日本
https://rsf.org/en/country/japan

48 日本にある米軍専用施設の
70.3%が沖縄県に集中

#沖縄　#在日米軍　#日米安全保障条約　#米軍基地　#分離統治

在日米軍基地の負担が、沖縄ばかりに押し付けられています。

国土全体の0.6%にすぎない沖縄県に、在日米軍の専用施設のおよそ70.3%が集中しているのです（2023年時点）。

70.3%

日本がポツダム宣言を受託し、第二次世界大戦が終結したのは、今から約80年前の1945年。

戦後の日本は7年間GHQ（連合国軍最高司令官総司令部）の占領下に置かれた後、「サンフランシスコ講和条約」が発効した1952年に独立国として主権を取り戻します。しかし、同時に調印された「日米安全保障条約」では、引き続きアメリカ軍の日本駐留が認められ、米軍基地も維持されることとなりました。

主権を取り戻した日本は、朝鮮戦争による特需などもあり順調に経

済復興していきます。

　しかし、沖縄だけは違う歴史をたどります。GHQの占領が終わっても、沖縄だけは米軍による占領が続いたのです。

　1949年5月、アメリカ政府は沖縄を「分離統治」する方針を決め、翌年には「沖縄に恒久的基地を建設する」という声明を発表しました。沖縄を日本本土から切り離してアメリカが統治し続け、そこに自分たちが半永久的に使える基地をつくることにしたのです。背景にはアメリカの極東戦略にとって重要な沖縄を拠点にし、軍事行動の自由を確保したいという思惑がありました。

　そして先述の「サンフランシスコ講和条約」によって日本が主権を回復すると同時に、アメリカ政府が沖縄の施政権を獲得したのです。

　その後、1972年に「本土復帰」までの27年間、沖縄はアメリカの統治下に置かれ、大規模な基地が次々とつくられていきました。

　当時の沖縄では、日本国憲法が適用されず、国会へ議員を送ることもできず、日本政府からの十分な支援もなく経済的に厳しい状況が続きました。住民たちは米軍からの配給で生活していましたが、慢性的な食料難で苦しみました。ポークランチョンミートやコンビーフといった沖縄料理の定番食材は、この頃の名残りです。

#本土復帰

　1972年に本土復帰を果たしたときの沖縄は道路、港湾、学校、病院、住宅といった市民生活に必要なあらゆるインフラが不足していたそうです。

　一方で、この間経済優先の政策を進めた本土では、1968年にはGNP（国民総生産）がアメリカについで世界第2位となります。1964年の東京オリンピック・1970年の大阪万博開催で、日本は戦後復興と経済力を世界に向けてアピールしました。

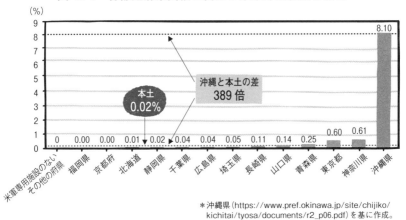

図 48-1　各都道府県面積に占める米軍専用施設の割合

本土
0.02%

沖縄と本土の差
389倍

＊沖縄県（https://www.pref.okinawa.jp/site/chijiko/
kichitai/tyosa/documents/r2_p06.pdf）を基に作成。

　国の安全保障の負担を背負わされ、高度経済成長から取り残された沖縄が抱える基地負担は今も続いています（図48-1）。本土復帰した1972年当時、国内の米軍専用施設面積に占める沖縄県の負担率は約58.7％。それが現在は約70.3％まで高まっています。本土の米軍基地は最大時から約94％縮小した一方、沖縄の米軍基地は米軍統治下の最大時から半減したにすぎません。

　現在、沖縄県内にある米軍専用施設は31施設。総面積は1万8484ヘクタールで、県全体の面積のおよそ15％を占めています。基地が密集するエリアでは、多くの住民が騒音による健康被害に悩まされたり、ヘリコプターなどの墜落事故により命の危険にさらされ続けてきました。

　宜野湾市にある「普天間飛行場」は、周辺に学校など120の公共施設がある人口密集地域にあり、かつて視察に訪れたアメリカのラムズフェルド国防長官は「世界一危険な米軍施設」だと表現しました（2003年11月に普天間飛行場を上空から視察した際の発言）。

沖縄の米軍基地の歴史の始まりは、「ありったけの地獄を集めた」戦争と言われる「沖縄戦」です。

　太平洋戦争末期の1945年3月に沖縄に上陸した米軍は、海からは艦砲射撃、空からは機銃掃射、陸からは砲撃で、日本兵と住民を無差別に攻撃しました。合計270万発もの砲弾が浴びせられた砲爆撃は「鉄の暴風」とも言われ、地形を変えるほど激しいものでした。この戦いで日本軍は本土を守るため米兵を沖縄に引き止め時間稼ぎをする「持久戦」の作戦をとります。この作戦が戦闘を長引かせた結果、約3カ月で軍人・民間人あわせて20万人の日本人が命を奪われました。

　この沖縄戦の最中に米軍が本土攻略のための前進基地として建設に着手したのが、現在の普天間基地です。

　沖縄は戦中は本土の捨て石にされ、戦後は本土と切り離され、本土復帰後は本土の代わりに基地負担を押しつけられています。沖縄の米軍基地問題は、沖縄だけの問題ではありません。本土の人々の問題でもあります。

参考

● 沖縄における在日米軍の駐留（防衛省、2020年）
https://www.mod.go.jp/j/publication/wp/wp2020/html/n32403000.html
● 沖縄の基地負担軽減について（防衛省・自衛隊）
https://www.mod.go.jp/j/approach/zaibeigun/saco/
● 沖縄の基地負担現状（名護市、2019年）
https://www.city.nago.okinawa.jp/kurashi/2018071300316/file_contents/A3.pdf
● 沖縄から伝えたい。米軍基地の話。Q&A　Book　令和2年版（沖縄県、2020年）
https://www.pref.okinawa.jp/site/chijiko/kichitai/tyosa/qanda_r2.html
● 日本復帰への道（沖縄公文書館）
https://www.archives.pref.okinawa.jp/event_information/past_exhibitions/934
● 第180回国会（常会）「普天間飛行場の管理運用及び安全性に関する質問主意書」（参議院、2012年）
https://www.sangiin.go.jp/japanese/joho1/kousei/syuisyo/180/syuh/s180086.htm
● 「本土の米軍基地は約94％縮小。沖縄は半減でも沖縄戦直後の状態」 基地問題シンポ　世代超えた対話を期待（沖縄タイムスプラス、2019年）
https://www.okinawatimes.co.jp/articles/-/459311

49 世界中の核兵器の数、
1万2520発

#核兵器　#核弾頭　#原子爆弾

1万2,520発

　現在、核兵器を保有しているのはアメリカ、ロシア、イギリス、フランス、中国、インド、パキスタン、北朝鮮、イスラエルの9カ国だと言われています。

　「核兵器」とは、核分裂の連鎖反応、または核融合反応を利用した大量破壊兵器の総称で、原子爆弾、水素爆弾、中性子爆弾等の種類があります。その核兵器をミサイル・魚雷などの先端に取り付けて使う兵器のことを「核弾頭」と言い、現在9カ国が保有する核弾頭の数は前年より200発少ない最大1万2520発と推計されています（2023年6月時点）。

　これまで核兵器が使われたのは、2度しかありません。広島と長崎です。

　1945年の8月、広島と長崎に落とされた原子爆弾は、一瞬で数万人の命を奪いました。また、爆発の際に放出された放射線は、人々を「原爆症」という病気で苦しめつづけました。

#核抑止力　#冷戦　#核兵器廃絶
恐ろしい殺傷能力を持つ核兵器は、人類や地球を破滅させてしまう

ほどの強大な力を持っているため、広島・長崎に投下されて以降は実戦では使われていません。

それでも世界各国は、核兵器をより多く持つことで敵国からの攻撃を防げる（核抑止力）と信じて核兵器の開発を続けました。特に、アメリカとソ連が対立していた冷戦時代には多くの核兵器がつくられ、1986年には世界中で6万4449発もの核兵器が保有されていたといいます。

冷戦終結後、国際社会は核兵器を世界共通の脅威とし、各国が連携して核兵器廃絶に向けた取り組みを加速させました。その結果、かつて世界に6万発以上あった核兵器は1万2520発まで減ったのです。

それでも、核廃絶に向けた歩みは順調とは言えません。

2017年、核兵器の使用や保有などを法的に禁ずる核兵器禁止条約が国連で採択されましたが、米・英・仏などの核保有国は署名をしていません。唯一の被爆国であり、同時にアメリカの同盟国である日本も署名・批准をしていません。

参考

● 『世界の核弾頭データ』2023年版　（長崎大学核兵器廃絶研究センター、2023年）
https://www.recna.nagasaki-u.ac.jp/recna/topics/43620

● 世界の核兵器、これだけある（朝日新聞、2018年）
https://www.asahi.com/special/nuclear_peace/change/

50 インターネットカフェで夜を明かす人の **4人に1人**がホームレス

#インターネットカフェ　#ネットカフェ難民　#ホームレス

帰る家がなく、インターネットカフェなど夜通し営業するお店で夜

を明かす人たちがいます。

「ネットカフェ難民」などと呼ばれることもある彼らは、路上生活者のように誰の目にもわかりやすいホームレスとは異なり、社会の中で見えにくく、把握されにくいため「隠れホームレス」と呼ばれることもあります。

2016〜17年に行われた東京都の調査によると、都内の24時間営業のインターネットカフェなどで夜を明かす人のおよそ25%、じつに4人に1人がホームレス状態にあることがわかりました。

#非正規労働者

家を持てない理由を尋ねたところ、およそ6割の人が「入居に必要な初期費用が準備できない」と答えました。家を失った理由の半数は、「仕事を失った」ためだといいます。ネットカフェ難民の9割ちかくの人は、それでも現在何らかの形で働き、生計を立てるための収入を得ているのだそうです。

働いていても、ホームレスから抜け出せない背景には住宅コストが高すぎるという問題と、収入が不安定な「非正規」の働き口しか見つからないなどの事情があります。

調査をした東京都は、こうした帰る家がないネットカフェ難民は都内だけで4000人いると推計しています。

参考

● 『住居喪失不安定就労者等の実態に関する調査報告書』（東京都福祉保健局生活福祉部生活支援課、2018年）

51 生活保護の捕捉率、**約2割**

#生活保護　#健康で文化的な最低限度の生活

日本では、経済的に困窮する人に対して、生活費を給付するなどして最低限度の生活を送れるように保護し、自立を助ける「生活保護」という制度があります。

すべての国民が「健康で文化的な最低限度の生活」を営む権利があると記した日本国憲法第25条に基づく制度です。

生活保護は、持っている資産や能力をすべて活用しても、一定基準（生活保護基準）の生活を維持できない場合であれば誰でも利用する権利があります。

2022年3月の時点で、生活保護を受けている人数は約204万人。2017年3月の約214万人をピークに減少傾向にあります。生活保護受給者の年代を見ると、全体の過半数（52%）が65歳以上の高齢者です。

現状でも決して少なくない生活保護受給者の数。それでも、まだまだ救われていない人々がたくさんいます。

生活保護基準を下回る経済状態にある世帯のうち、実際に生活保護制度を利用している割合を「捕捉率」と呼びます。正確な数字はわかっていないものの、専門家の推計では、現状の捕捉率はわずか20～30％だといわれています。

　つまり生活保護が必要なほど困窮している人の70～80％が、生活保護を利用していないということです。

　困窮した人々が生活保護につながらない背景には、申請のために市役所などの窓口に行っても、間違った説明などで追い返される「水際作戦」があるといわれています。

　また、「生活保護は恥だ」というスティグマ（社会的烙印）を強く感じて申請できない人も少なくありません。

　生活保護は「最後のセーフティーネット」とも呼ばれ、何らかの理由で最低限度の生活を送れなくなったときに、誰もが利用できる制度です。

　しんどいときに、社会の助けを受けて、自分の生活を立て直すことができるこの制度があるおかげで、私たちは安心して社会生活を送ることができます。いざというときに使いにくい制度にしてしまっては、私たちみんなの安心が保障できません。

参考

●生活保護制度の現状について（厚生労働省、2022年）
https://www.mhlw.go.jp/content/12002000/000977977.pdf
●8割が利用できていない、不正受給率はごくわずか。生活保護について正しい理解を（日本財団、2023年）
https://www.nippon-foundation.or.jp/journal/2023/94964/poverty
●知っていますか？生活保護のこと～生活保護制度の正しい理解と活用のために～（日本弁護士連合会）
https://www.nichibenren.or.jp/library/ja/publication/booklet/data/seikatuhogo_pam.pdf

どんな人でもやり直せる社
会の仕組みをつくる

市川加奈さん

Relight株式会社、創業代表

　1993年生まれ。東京都出身。中央大学卒。大学で途上国の貧困問題を調査するうちに、日本にも貧困問題があることに気づき、ホームレス問題の解決を志す。全国の炊き出しや夜回りに参加して支援者や当事者と対話をし、持続可能なソーシャルビジネスをするために、ボーダレス・ジャパンに入社。海外事業での経験を経て、2019年にRelight株式会社を設立。「Forbes JAPAN 30 UNDER 30 2021」「Forbes 30 Under 30 Asia 2022」に選出。ガイアの夜明けなどのメディアに出演。

> **主な関連社会問題** 50（→161ページ）、51（→163ページ）
>
> #政治参加　#若者　#ジェンダー
>
> ＊以下敬称略、肩書等はインタビュー当時（2023年6月）のものです。

> **家がたくさん余っている日本で、ホームレスの人がこんなにたくさんいること自体が「構造のバグ」だと思いました。**

——市川さんは、起業という形で社会問題に取り組んでいらっしゃいます。現在取り組んでいる事業はなんですか？

市川　　ホームレス問題を解決するために2つ事業をやっています。
　　　　　1つが、「いえとしごと」といって、おうちがない人、いわゆるホームレス状態の人向けに寮付きお仕事の紹介です。お仕

事の紹介方法は２つあって、私たちとしっかり面談をしてから
おつなぎするものと、直接会社さんとつなぐ求人サイトのよ
うなプラットフォームを通じておつなぎするもの。おうちがな
い状態の方が、なるべく早く仕事と家を確保してもらうための
事業です。

　２つ目は、お家が借りられない方向けに、弊社で借り上げた
物件を貸し出す「コシツ」というサービスです。実は、仕事を
しているけど、身分証がないとか、身寄りがないとか、家族が
いないとか、金銭面以外のさまざまな理由で家が借りられない
人がいます。おうちが借りられずに、友だちの家やネットカ
フェに住んでいる人が、結構世の中にいるんです。そうした方
向けに、弊社が借り上げた物件を、身分証がなくても借りるこ
とができるサービスを提供しています。

──なるほど。日本だと見えにくいけれど、確かに存在する貧困の問
題ですね。仕事がないと家が持てないけど、住所（家）がないと仕事
にもつけない。鶏が先か卵が先かという命題に似た、因果性のジレン
マがありますね。
「当たり前にある」ものがないと、途端に生きづらくなりそうです。

市川　そうですね。日本社会のシステムにも、「システムのバグ」
が結構あります。

　たとえば、財布をなくして身分証がないというときに、役所
で身分証を再取得しようとしますよね。そしたら窓口で、「身
分証取るために（別の）身分証が必要です」と言われるんです。
身分証が欲しいから役所に行ってるのに、複数身分証がなかっ
たり、全部なくしてしまった人はどうするのでしょう？

　実際には、一つも身分証がなくても、再発行する方法はある
のですが、手続きがなかなか大変で簡単には取れません。その

ため、窓口でこうした状況に直面すると、身分証の取得をあきらめてしまう人が少なくないのです。身分証がまったくない状態でできる仕事を探そうとした結果、「闇バイト」など危険な仕事しか選択肢がなくなってしまいます。

　あと、普段はあまり意識しないかもしれませんが、社会の中では「信用」が大事です。お家柄とか経歴など、これまでのその人の出自や履歴を気にする社会です。

　たとえば、クレジットカードが一度ブラックになったら、家の審査や携帯の契約のときに響きます。携帯の料金滞納をすると、5年から10年ぐらいは携帯を持てなくなってしまうこともあるんです。1回でも何かの信用が傷つくと、立て直すのはものすごく大変なんですよ。

　路上で暮らしているわけではないけれど、こういう状況に陥って困っている人は、なんとか生活できているから見えづらいんです。

　これまで、そういう生きづらさを抱えている人をたくさん見てきました。本当にちょっとしたことで負の連鎖がスタートします。非正規で時給で働いてたけど、ちょっと体調崩して働けなくなると、その間のお金が入らず家賃が払えなくなったなんてよくある話です。思ったよりも簡単に路上生活に陥ってしまうケースもありました。

――なるほど。身分証を取るのに身分証が必要って、そういう社会の「バグ」は、体験してみないとなかなか気づかないですよね。市川さんがホームレスの問題や、社会の「バグ」について関心を持ったきっかけは何なのでしょう？

市川　もともとのきっかけは、路上生活している方を初めて見たと

きです。私は東京出身といっても、熊が出るような山奥のほうの出身なんです。周りにあまり人もいないし、戸建ての持ち家が一般的な地域だったこともあり、家を持っているのは当たり前だと思っていました。なので、高校生のときから都会に出るようになって、初めて家がない人を見たんです。そこで、日本にはこんなに家があるのに、なんで寒空のもと段ボール敷いて外で寝てる人がいるんだろう、とシンプルな疑問が生まれました。

　路上で出会ったおばあちゃんは、多分認知症を患ってたのか、こう編み物を編んでほどいて、また編んで……っていうのをずっと繰り返してました。毎日行くたび 編み物の進捗が変わらないんですよね。

　そういう光景を目にして、**先進国と言われ、家がたくさん余っている日本で、ホームレス状態の人がこんなにたくさんいること自体が「構造のバグ」だと思いました。**

制度が整っているとされる日本社会の仕組みのなかで、ロジックが崩れてる部分って何なんだろう？

——初めて都会に行って衝撃を受けたところから、今の事業につながっているんですね。問題意識が生まれてから、最初はどんなアクションから始めたんでしょうか？

市川　何から始めたらいいかは私も悩みました。実際にホームレス状態の人を見て何か感じたとしても、なかなか話しかけたりはできないですよね。私は当時バイトをしてたので、高校生だけど、そこそこお金はありました。なので、いくらかお金を渡そうと思えば渡せたんですけど、でもこの数万円を1人に渡した

として何になるんだろう？　とか、こんな知らない若者から
1万円ホイって渡されたら、人によっては嫌だろうなって思っ
て。毎日見かけるし、なんか気になるけど、何もできない状態
にすごくモヤモヤしました。しかも、周りの大人は誰もいない
かのように普通に通り過ぎていて、無言で「見ちゃいけません
よ」と言われている感じ。

　そんな状況で「この人たち（ホームレス状態の人たち）は私にし
か見えてないのか？」とすら錯覚しました。モヤモヤを何とか
したいなと考えるようになり、大学に進学して貧困問題を学ぼ
うと思いました。

　大学では海外の貧困問題から日本の各地のホームレス問題ま
で、国内外のいろんな場所に行きました。それでも大学生当時
は、「見て、知ること」が限界でしたね。炊き出しに参加した
り、どこかの支援団体さんの活動に参加するのが精いっぱいで
した。

　そんななか、自分の将来を考えなきゃいけないタイミングで、
一般の会社に就職することも考えました。だけど、当時の貧困
問題への思いを、「大学時代の良い活動」で終わらせたくなく
て、これを仕事にするにはどうしたらいいか考えました。

　これからは貧困をなくすための行動をしないといけない。炊
き出しなどの支援もいいですが、貧困が生まれ続ける限りずっ
と支援し続けないといけません。問題解決のためには社会の
「構造」を変えないといけません。そこで私が関心を持ったの
が、「ソーシャルビジネス」です。

　ソーシャルビジネスとは、社会の仕組み自体を変えてしまう
ようなビジネスのことをいいます。私はボーダレス・ジャパン
というソーシャルビジネスの会社を見つけて、入社しました。
ボーダレス・ジャパンは、1つの会社であると同時に、ソーシャ

ルビジネスを立ち上げる社会起業家が集まるプラットフォーム
でもあって、ボーダレス・ジャパンから出資を受けるかたちで、
自分で事業を立ち上げることができました。その中でビジネス
を学び、Relight株式会社を立ち上げ、実際に日本の貧困問題に
コミットしてゴリゴリやってます。

**——はじめて日本の貧困問題に気づいてから、積み重ねがあったんで
すね。実際アクションしてみて難しさはありましたか？**

市川　　まず、一番初めのアクションは学生時代に参加したボラン
　　　　ティアでした。そこで当事者とのコミュニケーションの大切さ
　　　　に気づきましたね。夜回りで話しかけるにしても、1人で行く
　　　　と相手に警戒されるので大変です。長年活動をしている団体さ
　　　　んは関係性もあるので、そこに一緒に入ると話してくれること
　　　　があります。
　　　　　まあ、みなさんそもそも日中はいないし、夜行くと寝てるん
　　　　です。寝てるときに「すいませーん」って声かけても、相手か
　　　　らしたらめっちゃ嫌なやつじゃないですか。なので、日中の炊
　　　　き出しのときは交流しやすかったですね。
　　　　　初めは怖いというか、無愛想な人が多いと思ったんですけ
　　　　ど、実際は陽気なおじさんばかりでした。慣れると向こうから、
　　　　けっこうフランクに喋りかけてくれるんです。

**——人として関係性を築くことは大事ですね。市川さんは海外のいろ
んな国の貧困も見たということでしたが、印象に残ったことや今の活
動につながっていることはありますか？**

市川　　学生時代、アジアからアフリカまで、いろんなところに行き
　　　　ました。

たとえば、アフリカのケニアでボランティアツアーに参加したときは、スラムに連れていっていただきました。そこに住む人の生活とかいろいろ見せてもらったんですが、スラム街でも家があるんですよね。現地のケニア人学生と話しているときに、「日本にはこういうスラムはないのか」と聞かれたんです。スラム街ってほどのものはないけど、家がなくて外で寝てる人もいるって答えたら、それまでは「日本に連れてってくれ！」と仕切りに言っていた少年から「え!?　日本にも、家がなくて孤立してる人がいるんだ。かわいそう」と言われたんです 。それがかなり印象に残りました。

　支援しようと思ってケニアに行ったのですけど、勝手に貧しいと決めつけてたなという反省と、日本の問題に改めて気づかされました。

　その経験を経て、自分の国である日本の問題に対して取り組んだほうがいいのではと思ったことが、その後の活動につながっています。

　とはいえ、私はたまたま世界のいろいろな課題を見た結果、日本の課題に関心を持ったというだけで、極論は何をやっても正解だと思っています。自分が一番心が動いて、生涯ずっとやっていきたいものって何だろうって考えたときに 、最初に思い浮かんだのが日本のホームレス問題だったんです。

　決めた後、アクションしないでじっとしていても悩んじゃうと思って、一度やると決めたら、そこからはすぐに行動にうつしました。私は結構飽きっぽくて、燃えるときと燃えないときの差がすごくあるタイプです。でも、振り返ったときに、なぜかホームレス問題だけは、ずっと燃えていられるものでした。

　大学で専攻でもなんでもない社会学関連の授業を履修して日

本の貧困を学ぶ中で、制度が整っているとされる日本社会の仕組みのなかで、ロジックが崩れてる部分って何なんだろう？って問いに対する答えを探し続けていました。

> **一度信頼を失ったとしても、**
> **未来を描くことができる社会にしたいんです。**

──　そこまで熱中できるエネルギーは、どこから来ているんですか？　やはり正義感がモチベーションになっているんでしょうか？

市川　正義感や強い憤りから社会問題に取り組んでいるタイプの人もいますけど、私はちょっと違うタイプです。
　　活動を続けている源泉として、ホームレス状態の人、当事者の人間性に惹かれているというか、自分にはない考えや生き方をしていて単純に魅力に感じているんですよね。ホームレス状態の人たちだけでなく、どんな人だって社会のレールに沿えないと、困ってしまうことってあると思います。
　　正義感からすべての課題を取り除こうとしているんではなく、かわいそうかどうかでもなく、好きな人たちを苦しめる社会の仕組みそのものを変えたい。なので、「この社会の仕組みをどう変えたら、みんなが今よりハッピーになるかな」ということに注目して、俯瞰して社会の枠組みを考えてます。

──俯瞰してみるって、どういうことなんでしょう？

市川　社会ではいろんな要素が複合的に影響しあっているんで、良かれと思って社会の仕組みを変えたことで、新たに不幸になる人も出てくるものです。そうなったら、今度はその人には何が

できるのかを改めて考える。そういうことをずっと考えてたいと思っています。

　目の前の人だけを見ていると、変にその人を信じて美化することで「裏切られた」という気持ちが生まれることもあります。ホームレス支援の現場では、相談者さんに裏切られたと感じて、心折れてやめていく人とか、メンタルを崩しちゃう人も結構多いんです。

　表現が難しいんですが、貧困問題って、**知れば知るほど、"綺麗な貧困"**じゃないケースにぶつかります。

　たとえば、アフリカに貧しい子どもがいてご飯が食べられないと聞くと、多くの人が共感する。貧困に陥っているのは本人のせいじゃない「かわいそう」な人たちだから、助けてあげたいと感じる。

　一方で、現実はそんなにシンプルじゃなくて、たとえば雇っていた貧困状態の人が、お金を盗んで突然いなくなっちゃうなんてこともある。そういうときに、"純粋な"貧困だけを信じて、正義感だけでやってると心が折れちゃうと思うんですよね。「かわいそうな人じゃないじゃん！」という気持ちになって、サポートを辞めてしまう人も見ました。でも、それが現実だし、人間ってそんなもんだとも思うんです。

　私自身は、そういう人たちが、どうしたら悪さをせず、生きたい方向に向かうことができるのか、そういう仕組みづくりにフォーカスしています。

──「かわいそうな人」を「支援する」という感覚だと、課題解決につながらないんですね。

市川　支援の世界って、キャンペーンとか広報でも、非支援者を純

粋な存在だと描きがちですが、ホームレスの状態の人たちも、誰かの物語だと加害者だったかもしれないんですよね。

　たとえば、家賃滞納して、追い出されてしまった人がいたとして、一見被害者に見えるけど、どこかでその人によって被害を被った人がいるんです。全体をみると、純粋な被害者はほとんどいません。被害を被ったことで、仕方なく加害してしまった人もいます。

　加害者とか被害者とか関係なく、今失ってしまった信用をどう償って取り戻すのか。そもそも信用を失うようなことをやらなければいいかもしれませんが、いろんなきっかけで失ってしまうことがある。失ってしまったときに、過去ではなく現在と未来にちゃんと向き合えるような仕組みをつくりたいと思っています。

　加害者になったら生きていけない社会じゃなくて、一度信頼を失ったとしても、未来を描くことができる社会にしたいんです。被害者でも加害者でもどっちでもいいんです。

──やり直しがきく社会ってことですね。現状の日本はいったんレールから外れたら、なかなかやり直しがきかない社会ですから、早く市

川さんが描くような社会に変わってほしいものです。

　ところで、ソーシャルビジネスという新しい領域で、自分で事業を立ち上げている市川さん自身も、ある意味でレールから外れているといえますよね。リスクも大きいし、勇気がいることだと思いますが、自分の道を突き進む覚悟を持てたのはなぜなのでしょう？

市川　　実は就活のとき、親友が精神的に追い込まれてしまったのを見ていて、考えさせられたのがきっかけです。今でこそ元気な彼女ですが、当時は「就活で大手企業に入らなければ人生終わり」というような価値観に囚われていたんです。でも日本で大手に就職できるのって、ほんの数％。ほとんどの人は中小企業に就職します。大手がすべてなんてことは絶対にないし、周りにいた私たちもそう話していたんですけど、それでも大手企業への入社が「正解」だという信念が強くて、大手に入れなければ自分が自分じゃなくなってしまうほど追い込まれていたんです。

　でも、私たちは、大手企業に入るために生まれてきたわけではないですよね？　そこで「ある程度の大学を出たら大手企業に行くことが正解」という社会の常識に対して、強く疑問を持ちました。このことがいわゆるレールから外れた生き方をすることを後押ししたと思います。

　また、ちょうど同じ頃、母と、別の友だちが続けて他界してしまったことも大きかったです。

　母は癌で、友だちはまだ二十歳くらいなのに、風邪を拗らせて急に死んでしまいました。そのときは、人生でこれ以上に落ち込むことはないんじゃないかっていうくらい落ち込みました。そして、「もしかしたら明日死ぬかもしれない」ということを現実味を持って感じたときに、「私は大手企業に就職した

らハッピーなんだっけ？」と自問自答した結果、「今やれることをやったほうがいい」と強く思いました。

　そうやって自分で自分の人生を問う時間があったからこそ、たとえ社会のレールを外れても自分の納得できる道を行こう！　って思えたのかもしれません。

生活に密着
している問題の
多い数字

—— 生活・健康・労働

#空き家 #固定資産税 #都市計画税

1年以上誰も住んでいない住宅のことを「空き家」といいます。2018年時点で国内の空き家は849万戸。住宅総数に占める空き家の割合は13.6％。じつに7〜8軒に1軒が空き家ということです。1988年は394万戸でしたから、30年間で2倍以上に膨れ上がっていることになります。

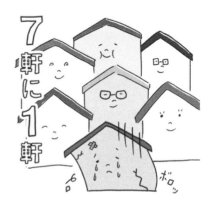

きちんと管理されていない空き家はさまざまな問題を生み出しています。雑草や木が隣家に侵入したり、ネズミや蚊など害獣・害虫の発生源になったり、ゴミの不法投棄や犯罪の温床になったりするのです。

空き家が増え続けた理由の1つに、税金の優遇制度があります。

土地を所有していると「固定資産税」と「都市計画税」という税金を納めなければなりません。これらの税金は、その土地に住宅が建っていると「住宅用地の特例」という制度が適用され、固定資産税は最大6分の1まで、都市計画税は最大3分の1にまで減額されるのです。

つまり、使わなくなった住宅でも取り壊さずにそのままにしておくほうが土地にかかる税金が安くなり、土地所有者はお得になります。だからどんなに老朽化しても、取り壊さずに放置されてきたのです。

しかし、このまま空き家が増え続けるのは困ります。そこで2014年、国会で「空家等対策特別措置法」という法律ができました。この法律によって適切に管理されていない空き家を「特定空家」に指定し、「住宅用地の特例」の解除などができるようになりました。危険な空き家は優遇税制が受けられなくすることで、土地所有者に空き家をきちんと管理するよう求めたのです。

このまま空家が増え続けると、2033年には3軒に1軒が空家になってしまうという予測もあります。これから人口減少が進んでいく日本。古くなった空き家をどうするのかを真剣に考えなければなりません。

参考

●**令和5年（2023年）住宅・土地統計調査への期待**（統計局、2023年）
https://www.stat.go.jp/info/guide/asu/pdf/2023asu_2.pdf
●**どうする？日本の空き家問題！**（野村総合研究所（NRI）、2017年）
https://www.nri.com/jp/journal/2017/0420

53　日本人の**2.2%**がギャンブル依存症!?

#ギャンブル依存症　#ギャンブル等依存症対策基本法　#パチンコ

2021年度に成人8223人を対象に行った調査で、2.2%の人がギャンブル依存症の疑いがあることがわかりました。男性は3.7%、女性は0.7%と、男性の割合が高いこともわかっています。

ギャンブル依存症とは、「ギャンブル（結果が偶然に左右されるゲームや

競技等に対して、金銭を賭ける行為）にのめり込むことにより日常生活又は社会生活に支障が生じている状態」のこと。

ギャンブル依存症は、ギャンブル依存に留まらず、それに関連した多重債務や貧困、虐待、自殺、犯罪などさまざまな社会問題と密接に関わります。

なかでも多いのは「パチンコ・パチスロ」に依存する人。依存症の疑いがある人の7割以上の人が、過去1年で最もお金を使ったのは「パチンコ・パチスロ」だと答えています。

海外に目を向けると、生涯のうちにギャンブル依存症にかかる割合は、オランダが1.9%（2006年）、フランスが1.2%（2011年）、スイスが1.1%（2008年）。他国と比べても日本のギャンブル依存症の割合は高いといえそうです。

#ガチャ　#課金　#ドーパミン　#病的賭博

また、近年ではスマホゲームの「ガチャ」への高額課金が問題になっています。射幸心をあおるガチャは、パチンコなどのギャンブルと同様に依存性が高く、ハマると危険です。ガチャを回す際、脳内でドーパミンが放出される快感が中毒になって課金を繰り返した結果、何百万円もの負債を抱えて破産する例が増えています。

ギャンブル依存の割合が高い日本人は、スマホアプリの課金額でもダントツの世界一。課金の多くはガチャなどギャンブル性の高いものに使われていると考えられます。

ギャンブル依存症は、1970 年代後半に WHO（世界保健機関）において、「病的賭博」という名称で正式に病気として認められました。ギャンブルをやりたい気持ちをコントロールできずに生活に支障が出るほどハマってしまったら、それはもうギャンブル依存症にかかっている可能性が高く、自分ひとりでは解決できません。そうなったら、早期に専門家のもとで治療に取りかかったほうがいいでしょう。

参考 ┈┈

◉**令和2年度依存症に関する調査研究事業「ギャンブル障害及びギャンブル関連問題の実態調査」**（久里浜医療センター、2021年）
https://www.ncasa-japan.jp/pdf/document41.pdf
◉**ギャンブル依存症疑い320万人　厚労省推計、諸外国と比べ高く**（日経新聞、2017年）
https://www.nikkei.com/article/DGXLASDG29H65_Z20C17A9CR8000/
◉**ギャンブル等依存症でお困りの皆様へ**（消費者庁）
https://www.caa.go.jp/policies/policy/consumer_policy/caution/caution_012/
◉**「しらふが怖かった」課金ゲー、スマホ…重なった依存**（朝日新聞、2021年）
https://www.asahi.com/articles/ASP2K44K8P1TUTIL017.html

54 日本全国のひきこもりの人数 146万人

#ひきこもり　#コロナ禍

　厚生労働省の定義によると、仕事や学校に行かず、かつ家族以外の人との交流をほとんどせず、6カ月以上続けて自宅にひきこもっている状態を「ひきこもり」といいます。

　2022 年に内閣府が行った調査によると、15 〜39 歳までの若者の2.05%、40 〜64 歳の中高年の 2.02% がひきこもりの状態にあることがわかりました。日本全国のひきこもりの総人口は 146 万人と推計されています。

2019 年調査の 115 万人から 30 万人も増えていますが、その最大の理由はコロナ禍です。ひきこもりになった理由をたずねる質問には約 5 人に 1 人が「新型コロナウイルス感染症が流行したこと」と回答しています。

146万人

　かつては若者の問題とされ、40歳以上を対象とした調査が行われていなかった「ひきこもり」。しかし、2019年に初めて中高年を対象にした調査の結果、中高年層にも若年層と同じくらいの数のひきこもりがいることがわかって以来、全世代の問題と認識されるようになりました。現在のところ、世代にかかわらず、50人に1人の割合でひきこもりがいるといわれています。

　また、以前の調査では「主婦（夫）」や「家事・手伝い」の人をひきこもりとカウントしていなかったため、ひきこもりは男の問題ととらえられがちでした。しかし2019年調査からはそれらも除外せずにカウントするようにした結果、ひきこもりの男女比はほぼ半々であることがわかりました。

　私たちはだれでも、いつでも、さまざまな理由で、ひきこもりになる可能性があります。

「こうあるべき」という社会規範や同調圧力が強い社会の中で、ふとした拍子に糸が切れてしまうこともあれば、退職や介護など、思わぬきっかけで社会のレールから外れてしまうこともあるでしょう。

　孤独は精神や身体を蝕み、生きる力を奪います。ひきこもりが長期化すればするほど、孤独によるダメージは深まり、社会とのつながり

を取り戻すのは難しくなります。力を奪われた当事者や家族だけで解決するのは難しい問題ですから、当事者それぞれが自分にあった方法で社会参加できるための社会的支援が必要です。

参考

● ひきこもり支援施策について（厚生労働省）
https://www.mhlw.go.jp/content/12602000/001099862.pdf のP8

55 日本の医療費、45兆円超え

#平均寿命　#医療費　#国民皆保険制度　#超高齢社会

2022年の日本人の平均寿命は、女性は87歳、男性は81歳でした。

厚生労働省が把握する50の国と地域の中で、日本人の平均寿命は女性が2位、男性が5位。日本は世界トップレベルの長寿国です。

日本の長寿を支えているのは、国民全員に公的医療保険を保障する「国民皆保険制度」です。

この公的医療保険には自営業の人が加入する「国民健康保険」や会社員などが加入する「被用者保険」、75歳以上の後期高齢者が加入する「後期高齢者医療制度」があります。国民全員がいずれかの保険に

図 55-1 国民医療費・対 GDP 費の推移

＊令和3（2021）年度 国民医療費の概況（厚生労働省、2021 年）を基に作成。

加入していて、公的な保険を利用して医療を受けられる国は、イギリスと日本だけです。特に日本の公的医療保険制度は世界最高とも評価されています。

　公的医療保険のおかげで、私たちは怪我や病気になって病院を受診しても、医療費の一部（1〜3割）を負担するだけで医療を受けられます。残りの医療費は保険に加入する人たち全員から集めた保険料や税金から支払われます。

　しかし高齢化や医療の高度化が進むとともに、医療費は増大し、医療保険制度の維持が危ぶまれるほど財政は悪化しています。

　1990年に20.6兆円だった医療費の総額（国民医療費）は、2021年には45兆円と、約30年間で倍以上に膨れ上がっています。GDP（国内総生産）に占める医療費の割合も、4.56％から8.18％へと、大幅に上昇しています（図55-1）。

　特に増えているのは、高齢者の医療費です。国民1人当たりにかかる医療費を見てみると、65歳未満で年間19万8600円、65歳以上では75

万4000円と大きな開きがあります。高齢者が増えるほど、国民全体の医療費も増えるのです。

増大する国民医療費をまかなうべく加入者が払う保険料も年々上がってきましたが、それでも足りません。現在、国民医療費45兆円のうち、保険料や患者の自己負担では賄えない17兆円（全体の38%）は国や地方自治体が税金で補填しています。

今後も高齢化が進む日本。今のままなにもしなければ医療費負担は増える一方です。

誰もが、必要なときに、医療サービスを受けられることは、とても素晴らしいことです。しかし、そのためのお金を負担しているのは私たち自身です。

過剰な診療を控えたり、ムダな薬は新たにもらわない、薬をジェネリックに切り替える、病気にならないような健康づくりに励むなど、制度を維持するために私たち自身が努力をしなければ、皆保険の仕組みは維持できないかもしれません。

参考 ··

● 令和4年簡易生命表の概況（厚生労働省、2022年）
https://www.mhlw.go.jp/toukei/saikin/hw/life/life22/index.html
● 我が国の医療保険について（厚生労働省）
https://www.mhlw.go.jp/stf/seisakunitsuite/bunya/kenkou_iryou/iryouhoken/iryouhoken01/index.html
● 令和3(2021)年度 国民医療費の概況（厚生労働省、2021年）
https://www.mhlw.go.jp/toukei/saikin/hw/k-iryohi/21/index.html

日本の1日当たりの中絶件数346件

#人工妊娠中絶　#経口中絶薬

2021年度、日本国内では12万6174件の人工妊娠中絶が行われました。ピークだった1955年の約117万件からは大幅に減少したものの、今も1日当たり346件のペースで人工妊娠中絶が行われています。

346
per day

　これまで日本で許されてきた人工妊娠中絶の方法は手術のみでした。しかも広く行われてきたのは、WHOが「時代遅れだ」と指摘する「搔把法（そうは）」という子宮のなかみを金属の器具でかき出す方法です。

　こうした状況に対して安全な中絶の選択肢を求める声が高まった結果、飲んで人工妊娠中絶ができる「経口中絶薬」が日本でも2023年に認可されました。経口中絶薬はWHOが最も安全な方法として推奨するもので、1988年にフランスが世界で初めて承認して以降、世界80カ国以上に広がっています。フランスから35年の遅れをとったものの、ようやく日本でも経口中絶薬が承認されたことで、外科手術以外の安全な選択肢が生まれたことになります。

　しかし、経口中絶薬に関してはまだ課題が残ります。現在のルールだと薬を飲んだあとも経過観察のための入院や院内待機が必要で、入

表 56-1　日本でできる人工妊娠中絶方法一覧（2024年1月現在）

中絶方法	概要	時期	費用	ポイント
掻把術	前日または当日に子宮頸管（子宮頸部の子宮と腟をつなぐ部分）を広げ、子宮の中を金属製のスプーンのような器具でかきだす中絶法。	妊娠12週未満の妊娠初期	7万円〜15万円程度	処置時間が短く、日帰りまたは1泊の入院で可能。麻酔が必要。
吸引法	前日または当日に子宮頸管を広げ、子宮の内容物を吸い取る方法。金属の吸引管を用いた電動吸引法とシリコン製の吸引管を備えた専用の器具による手動真空吸引法（MVA）がある。	妊娠12週未満の妊娠初期	7万円〜15万円程度	世界保健機関（WHO）は、より安全な方法として、MVAを推奨している。処置時間が短く、日帰りまたは1泊の入院で可能。麻酔が必要。
中期中絶手術	前日に薬剤で子宮を広げ、人工的に陣痛を起こすことで流産を促す中絶法。	妊娠12週〜22週未満の妊娠中期。22週以降はいかなる方法でも中絶できない。	30万円〜50万円程度	出産育児一時金（50万円）の対象。一般的には、手術とその前後で3〜4日程度の入院が必要。
経口中絶薬	飲むことで妊娠の継続を止めて、排出を促す働きにより、手術を伴わず妊娠を終わらせることが可能な薬。日本では2023年4月に英製薬会社ラインファーマの「メフィーゴパック」という妊娠中絶薬が正式承認された。	妊娠9週0日目まで	10万円程度	治験では妊娠63日以内の患者の投与後24時間以内の中絶成功率は93.3%。日本では経過観察のための入院が必要。

中絶は時期が早いほど身体への負担は少なく、適切に診察を受ければ、将来の妊娠について大きな心配をする必要はありません。
どの中絶方法でも、日本では配偶者の同意が必要です（未婚の場合は不要。性暴力やDVにより事実上の婚姻関係が破綻している場合も不要です。そのようなケースで同意書を求められたときは、妊娠相談窓口に相談できます）。

＊中絶（NPO法人ピルコン、https://pilcon.org/help-line/abortion）を基に作成。

院設備のある医療機関でしか使われません。また費用も手術と同等の
10万円程度かかります（経口中絶薬の卸売の平均価格は1000円程度といわれて
いるにもかかわらず）。そのため利用のハードルが高く、選択肢として加
わっても、アクセスしずらい状況なのです（表56-1）。

#10代の妊娠

　また、安全な中絶の選択肢を増やすことも大切ですが、そもそも思
いがけない妊娠を減らすための性教育や、妊娠に関する相談窓口など
の支援体制を充実させることも重要です。12万件超の人工妊娠中絶の
うち7.2%に当たる9093件は10代の中絶です（2021年度）。10代の妊娠
の大部分は「思いがけない妊娠」で、10代で妊娠した女性の約6割が
中絶を選択するといわれています。

　10代の妊娠・中絶が多い背景に、学校で十分な性教育が行われて
いない現状があります。日本の中学校で性教育に費やされる授業時
間の中央値は、3年間でたったの7時間。年間で2時間ちょっとしかあ
りません（2017年）。「妊娠・避妊」や「性感染症予防」、「ジェンダー」
や「セクシュアル・マイノリティー」、「性的同意」や「性暴力」など、
生きる上で身につけなければならない性の知識は数多くあり、年間2
時間の授業では伝えきれません。

　正しい性の知識を得られなかった子どもや若者が、思いがけない妊
娠をして中絶を選ばざるをえない状況をつくっているのは、大切なこ
とを教えていない大人たちかもしれません。

#SRHR

　人工妊娠中絶の方法をはじめとした性に関する選択肢が増え、自己
決定ができるようになる権利を、セクシュアル・リプロダクティブ・
ヘルス／ライツ（SRHR：性と生殖に関する健康と権利）といいます。これ
までの日本社会では男尊女卑的な価値観が強く、女性の人権が十分に
尊重されてきませんでした。子どもを産む、産まないという、自分の

人生を左右するような決定も、女性自身が決めることができなかったり、選択肢が極端に限定されたりしていました。

これからは、すべての女性が自分の性や身体について、自己決定ができる社会に変えていかなければなりません。

参 考

● **母体保護関係**（厚生労働省、2021年）
https://www.mhlw.go.jp/toukei/saikin/hw/eisei_houkoku/21/dl/kekka5.pdf
● **安全な中絶 医療保健システムのための技術及び政策の手引き**（日本語版）（世界保健機関）
https://iris.who.int/bitstream/handle/10665/70914/9789241548434_jpn.pdf;jsessionid=74C03D696223
34A44F232105F75B3F09?sequence=10
● **いわゆる経口中絶薬「メフィーゴパック」の適正使用等について**（厚生労働省）
https://www.mhlw.go.jp/stf/seisakunitsuite/bunya/kenkou_iryou/iyakuhin/topics/infertility_
treatment_00001.html
● **日本の中〜大規模中学校の教育課程における性教育の位置付け 2007年調査と2017年調査の
比較**（現代性教育ジャーナル N.136、2022年）
https://www.jase.faje.or.jp/jigyo/journal/seikyoiku_journal_202207.pdf

57 障害者雇用ゼロ企業、
全体の約3割

#障害者雇用　#障害者雇用促進法　#雇用義務制度

日本には、障害者の安定的な雇用を守るために「障害者雇用促進法」という法律があります。1960年に制定された、60年以上の歴史を持つ法律です。

「障害者雇用促進法」には、民間企業や国・地方自治体といった行政機関を対象に、

表57-1　直近の法定雇用率の推移

年代	民間企業	国および 地方公共団体	都道府県等の 教育委員会
2021年4月	2.3%	2.6%	2.5%
2024年4月	2.5%	2.7%	2.6%
2026年4月	2.7%	3.0%	2.9%

＊障害者の法定雇用率引上げと支援策の強化について」(厚生労働省) を基に作成。

一定割合以上の障害者を雇用しなければならないとする「雇用義務制度」という仕組みがあります。

　2023年現在、一般企業の場合、常時雇用の従業員が1人以上いれば雇用義務の対象となり、法定雇用率（＝障害者雇用率）は2.3%。労働者45.5人につき1人の割合で雇用しなければいけないとされています。

　この法定雇用率は少なくとも5年に1度は見直されることになっていて、2018年4月には、それまでの2.0%から2.2%に引き上げられ、さらに2021年の4月に、2.3%に引き上げられました。2024年4月からは、更に引き上げられ2.5%になる予定です（表57-1）。

　#身体障害者　#知的障害者　#精神障害者　#障害者雇用ゼロ企業
　対象となる「障害者」の範囲も少しずつ広がっていて、2018年の法改正では、これまで対象だった「身体障害者」と「知的障害者」に加え、近年増加している発達障害を含む「精神障害者」も対象となりました。

　障害者の社会進出と経済的自立を支えるために、民間企業にも参加と責任を求めてきた「障害者雇用促進法」。しかし、実際には多くの企業がこのルールを守れていません。

2022年6月時点、全国の対象企業（45.5人以上の従業員がいる企業）10万586社のうち、法定雇用率を達成できた企業の割合は48.3%。半分以上の企業が法定雇用率を達成できていません。さらに、未達成企業の58.1%に当たる3万2342社が障害者を1人も雇っていない、いわゆる「障害者雇用ゼロ企業」だったのです。

　課題を抱えているのは民間企業ばかりではありません。2018年には行政機関での障害者雇用の"水増し"問題が発覚しました。中央省庁や地方自治体で障害者雇用数を水増ししていた事実が明るみになり、大きな問題となったのです。

　当時、中央省庁は2.49%という障害者雇用率を公表していました。しかし、その内容を再点検したところ、雇用しているとした数の約半数に当たる3460人分が不正に水増しされていたことがわかりました。水増しは内閣府、総務省、国土交通省など中央省庁の約8割で行われていました。水増し分を差し引いた実際の雇用率はわずか1.19%で、法定雇用率2.5%の半分にも満たない数値でした。

　企業のお手本となり、障害者雇用を推進していく立場の行政機関が、安易に「水増し」してノルマを達成しようとしていたというのは残念なことです。

　行政機関に課された2.5%という法定雇用率は高すぎる目標だったのでしょうか？　フランスの法定雇用率は、一般企業でも6%。ドイツは5%です。なぜそれが可能なのか、一度、日本の制度と比較検討してみる必要がありそうです。

参考

●令和5年度からの障害者雇用率の設定等について（厚生労働省、2023年）
https://www.mhlw.go.jp/content/11704000/001039344.pdf
●令和4年　障害者雇用状況の集計結果（厚生労働省、2022年）
https://www.mhlw.go.jp/stf/newpage_29949.html

第5章　生活に密着している問題の多い数字──生活・健康・労働

●事業主の方へ（厚生労働省）
https://www.mhlw.go.jp/stf/seisakunitsuite/bunya/koyou_roudou/koyou/jigyounushi/page10.html

58 養育費を継続してもらえている 母子世帯、28.1%

#離婚　#養育費

28.1%

おなかすいたー

　離婚をすると、両親のどちらかが親権者となり子どもを引き取り、監護（監督・保護）・養育する責任を負います。しかし、親権者でない親も扶養義務がなくなるわけではなく、「養育費」を支払わなければなりません。

　「養育費」とは、子どもを育てるために必要な費用のこと。子どもが自立するまでには、生活経費、教育費、医療費など、たくさんのお金がかかります。たとえ親権者でなくとも、養育費の支払いは親として子に対する最低限の義務です。

　しかし実際は、ひとり親家庭の多くが離婚した相手から養育費を支払ってもらえていません。

　2021年に厚生労働省がひとり親世帯を対象に行った調査では、母子世帯のうち「現在も養育費を受けている」と回答した割合は28.1%、父子世帯だと8.7%でした。また「養育費を受けたことがない」と回答した人は、母子世帯の56.9%、父子世帯の85.9%にもおよびました。

そもそも養育費の支払いに関してきちんと取り決めをしている人の割合は、母子世帯では46.7％、父子世帯では28.3％。取り決めの内容をきちんと文書にしているケースはさらに少ないのが現状です。

　取り決めをしない理由として、最も多い回答は、母子家庭の場合は「相手と関わりたくない」、父子家庭の場合は「自分の収入等で経済的に問題ないから」でした。

　養育費を得ることは、子どもの権利です。子どもの権利を守るのが、親の努めであるはずです。

参考 ∙∙∙

● **令和3年度全国ひとり親世帯等調査結果報告**（厚生労働省、2021年）
https://www.cfa.go.jp/assets/contents/node/basic_page/field_ref_resources/f1dc19f2-79dc-49bf-a774-
　21607026a21d/9ff012a5/20230725_councils_shingikai_hinkon_hitorioya_6TseCaln_05.pdf
● **養育費とは**（養育費相談支援センター）
https://www.youikuhi-soudan.jp/youikuhi.html

59　梅毒の患者数が、20年間で26倍に急増

#梅毒　#性交渉　#コンドーム

　1967年に約1万1000人が報告されて以降、患者数が減少し続けていた「梅毒」。90年代には1000人を下回り"過去の病気"とされていたこの性感染症が、近年再び増加傾向にあります。

　厚生労働省の調査によると、2003年に509人だった患者数は、2023年には過去最悪の1万3251人となりました（図59-1）。20年間で約26倍の増加です。近年は特に20〜50代の男性と20代女性の患者数が突出

しています。感染拡大した理
由は、SNSやマッチングアプ
リ、パパ活などで不特定多数
との性交渉が広がったこと
だと考えられています。

梅毒は、膣性交だけでな
く、オーラルセックス、ア
ナルセックスなど粘膜や皮
膚が接触する行為によって
感染します。くちびる等に「梅毒」の病変部分がある場合は、キスや
コップの使いまわしなどでも感染します。妊娠している人がかかると
胎児にも感染し、死産、早産、奇形などにつながる危険もあります。

梅毒の症状は、感染後の経過期間によってさまざまです。
感染初期には感染部位にしこりができたり、股の付け根部分のリン
パ節が腫れたりします。
治療をせずに3カ月を経過すると、手のひら、足の裏、身体全体に
うっすらと赤い発疹が出ることもありますが、アレルギー、風しん、

図 59-1　梅毒の感染者数の推移

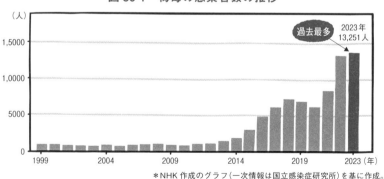

＊NHK作成のグラフ（一次情報は国立感染症研究所）を基に作成。

麻しん等に間違えやすいので注意が必要です。この時期に適切な治療を受けられなかった場合、数年後に複数の臓器の障害につながることがあります。

梅毒は、症状が現れたり消えたりを繰り返します。症状がいったん消えるため、「治った」と思ってしまうかもしれませんが、病原菌である梅毒トレポネーマは消えずに体内に残っています。自然治癒しない病気なので、治療が必要です。

感染予防のためには、不特定多数の人との性交渉を避けたり、コンドームを使用することが大切です。また、おかしいと思ったら早めに病院を受診しましょう。

参考

●**梅毒に関するQ&A**（厚生労働省、2022年更新）
https://www.mhlw.go.jp/stf/seisakunitsuite/bunya/kenkou_iryou/syphilis_qa.html
●**性感染症報告数**（2004年〜2021年）（厚生労働省）
https://webcache.googleusercontent.com/search?q=cache:https://www.mhlw.go.jp/topics/2005/04/tp0411-1.html
●**梅毒の感染者数が3年連続で過去最多を更新**（NHK、2023年）
https://www3.nhk.or.jp/news/html/20231128/k10014271181000.html

60 老朽化した水道管の長さ、地球3.8周分

#水道　#法定耐用年数　#水道管更新率

日本人は「水と安全はタダだと思っている」なんて言われるくらい、日本は水に恵まれ、水道インフラも充実しています。

2021年時点で日本の水道普及率はなんと98.2%。総延長約74万km（地球18周分以上）にもおよぶ水道網がはりめぐらされており、国内のほ

とんどすべての家で、蛇口を
ひねればきれいな水が吹き
出します。

3.8周

　しかしその光景もこれか
らは変化してくるのかもし
れません。なぜなら、2020年
時点で、水道管全体のおよそ
21%、15.2万km以上（およそ地
球3.8週分）の水道管が、法定
耐用年数の40年を超えて老
朽化しているといわれているからです。法定耐用年数とは「これくら
いの期間は問題なく使えます」と定められた期間で、寿命の目安とさ
れています。

　都道府県ごとの法定耐用年数を超えた管の割合（経年化率）を見てみ
ると、大阪府（34%）、神奈川県と香川県（ともに28.1%）などは3分の1
近くが古い管。経年化率が低い岐阜県でも13%に達していますから、
1955〜73年の高度成長期に敷設された水道管が全国的に更新時期を
迎えていることがわかります（2020年時点）。

　老朽化した水道管は、中が赤サビでビッシリだったり、破裂や漏水
の恐れがあるため取り替えなければいけません。

　でも地球3.8周分の水道管を取り替える工事は、とても大変。莫大
なお金がかかります。1kmの水道管を交換するのにかかる費用は1億
円ともいわれているのです（現在の1.5万kmをすべて更新するのにかかる金額
は……15兆円以上！）。

　日々、水道管の取り替え工事が全国で行われていますが、自治体の
財政難や人手不足で更新のスピードは落ちています。水道管更新率
（水道管の総延長に対する更新された管の長さ）は2001年の1.54%から年々下
がり続けて2020年には0.65%まで落ちています。古くなった水道管

を平均的に更新していくためには、1.14%の更新率が必要といわれているので、現状はまったく追いついていない状況です。

#水道民営化　#改正水道法

　地方の自治体は老朽化した水道管を抱えながら、人口減少による収入減に苦しんでいます。そんななか、2018年に水道事業の運営権を民間企業に売却する「水道民営化」が可能になる改正水道法が国会で成立しました。自治体が水道事業を技術やノウハウを持った民間企業にまかせることで、運営を効率化してコストを抑えようというのです。

　しかし、民営化には数多くの懸念があります。

　たとえば、海外では水道を民営化したことで水道料金が大幅に値上げされたり、サービスの質が落ちたりして、再び公営化された事例が数多くあり、日本でもそうした事態が起きる可能性があります。

　また、水道運営を外部に丸投げしている間に自治体内部に知見を持つ職員がいなくなり、運営をきちんと管理監督することができなくなるかもしれません。

　そもそも、技術やノウハウを持つのは「水メジャー」といわれる海外の大企業が多いため、水道という最も重要なインフラを外国企業に任せることは安全保障上のリスクになるという声もあります。

　インフラ更新の問題は水道だけではありません。水道と同じく地面の下に埋まる下水管は、更新時期を迎えた管が約48万km（地球12周分！）もあるのです。他にも全国に約72万ある橋の3割、1.1万本あるトンネルの2割超が老朽化しているなど、日本は古いインフラが至るところにあるのです。

　既存のインフラの多くは、経済成長期につくられたものです。その頃は、経済も人口も右肩上がりに上昇していく前提でインフラが整備されました。しかし時代は変わって、日本は人口減少の局面に入って

第**5**章　生活に密着している問題の多い数字――生活・健康・労働

197

います。ただ単にこれまであったものを更新するだけでは、将来確実に失敗します。

　私たちがどんな暮らしをしたいのかを考え、そのために社会をどうつくり変えていくのかを話し合い、将来のビジョンを策定することが大切です。

参考 ⋯⋯⋯⋯⋯⋯⋯⋯⋯⋯⋯⋯⋯⋯⋯⋯⋯⋯⋯⋯⋯⋯⋯⋯⋯⋯⋯⋯⋯⋯⋯⋯⋯⋯⋯⋯

●**令和3年度 現在給水人口と水道普及率** （厚生労働省、2021年）
https://www.mhlw.go.jp/content/001074520.pdf
●**令和4年度全国水道関係担当者会議** （厚生労働省、2022年）
https://www.mhlw.go.jp/content/001094785.pdf
●**水道行政の最近の動向等について** （令和3年） （厚生労働省、2021年）
https://www.mhlw.go.jp/content/11130500/000866664.pdf

61 高齢ドライバーの5万人以上が、認知症の恐れあり

#高齢ドライバー　#認知症　#認知機能検査　#自主返納

　2022年時点の日本の人口1億2495万人のうち、65歳以上の「高齢者」の割合（高齢化率）は29.0%。日本は3人に1人ちかくが高齢者の「超高齢社会」です（一般に全人口のうち65歳以上の割合が7%を超えると「高齢化社会」、14%を超えると「高齢社会」、21%を超えると「超高齢社会」と呼ぶ）。

図61-1　75歳以上の高齢ドライバーによる死亡事故件数の推移

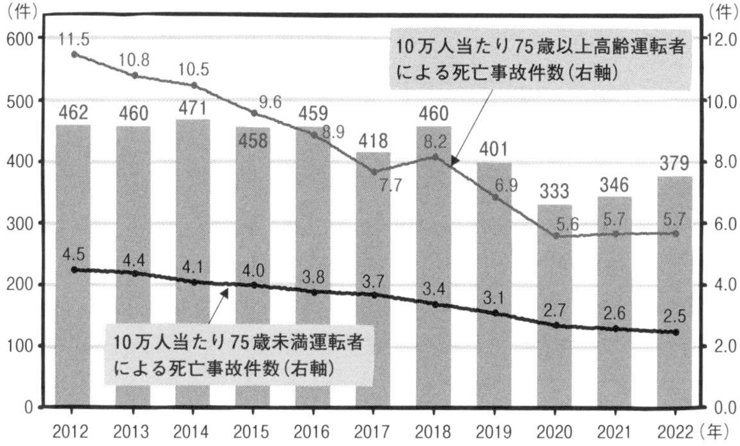

75歳以上の高齢ドライバーの死亡事故の発生割合は、10年前と比べて半減した。
とはいえ、75歳未満と比べて倍以上のリスクを抱えている。

＊令和4年における交通事故 の発生状況について（警察庁）を基に作成。

　内閣府が2017年に公表した「平成29年版高齢者白書」では、2012年に462万人（高齢者の7人に1人）だった認知症患者は、2025年には5人に1人に当たる約700万人に達すると推定されています。

　高齢化によって問題となったのが、高齢ドライバーによる交通事故の増加です。2020～22年までの3年間に起きた死亡事故のうち、4件に1件（25%）が65歳以上の高齢ドライバーによるものでした。

　年をとると視力や体力が衰えたり認知機能が低下することで、事故を起こしやすくなります。75歳以上の高齢ドライバーによる死亡事故の発生率は10万人当たり5.7件。75歳未満の2.5件に比べ倍以上です（図61-1）。

　2017年からは、高齢ドライバーの事故を防ぐため、75歳以上の人が免許を更新する際は「認知機能検査」を受けることが義務付けられ、認知症と認定されると免許取り消しなどの措置を受けることになりました。2019年にこの検査を受けた高齢ドライバー216万365人のうち

2.4%に当たる5万1849人が認知症の恐れがある「第1分類」と診断されています。2022年からは認知機能検査に加え、実車での「運転技能検査」も導入されています。

また、近年は高齢者に免許の自主返納を勧める動きもあります。

#過疎化

しかし、それでも多くの高齢者が、今も運転を続けています。

高齢者が運転を続ける背景には、過疎化により地域の鉄道やバスなどが廃線になったり、核家族化が進み高齢者だけの世帯が増えたことで、移動の手伝いを頼める家族がいないといった事情があります。

高齢ドライバー問題解決のためには、買い物や通院など、高齢者の日々の移動手段をどうやって確保していくのかを考えなければなりません。

今後も高齢化や過疎化はどんどん進行します。誰もが歳をとり、高齢になれば認知症になっても不思議はありません。認知機能が低下した高齢者が、危険な運転をせずとも社会生活を送れる環境づくりが私たちみんなの安全と安心につながります。

参考

●**令和5年版高齢社会白書**（全体版）（内閣府、2023年）
https://www8.cao.go.jp/kourei/whitepaper/w-2023/html/zenbun/index.html
●**高齢運転者交通事故防止対策に関する調査研究**（警察庁、2021年）
https://www.npa.go.jp/koutsuu/kikaku/koureiunten/menkyoseido-bunkakai/prevention/final_report.pdf

62 カロリーベースの**食料自給率38%**

#食料自給率　#食料安全保障

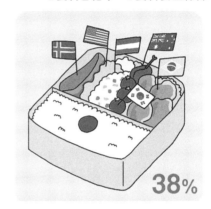

38%

　ある国で消費される食料のうち、その国でつくられたものがどれくらいあるかをしめす数値を「食料自給率」といいます。

　日本の食料自給率はどのくらいかというと、熱量で換算した「カロリーベース」では38％、金額で換算した「生産額ベース」では58％です（図62-1）。

　振り返ると、およそ半世紀前の1965年はカロリーベース食料自給

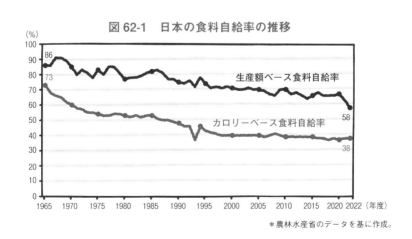

図62-1　日本の食料自給率の推移

(%)

生産額ベース食料自給率

カロリーベース食料自給率

86

73

58

38

1965 1970 1975 1980 1985 1990 1995 2000 2005 2010 2015 2020 2022（年度）

＊農林水産省のデータを基に作成。

率は73%、生産額ベース食料自給率は86%でした。その後は年々低下を続け、1993年の大冷害の年にとうとうカロリーベース自給率37%まで落ち込みました。その後、一時的に40%台に回復したものの、2010年以降は37～39%の間で推移しています。

　カロリーベースの自給率が下がり続けてきた理由は、自給率の高い「米」の消費が減ったこと。そして、飼料や原料を海外に依存する「畜産物」や「油脂類」の消費量が増えてきたことが挙げられます。

　カロリーベースで計算する場合、畜産物に関しては、輸入した飼料を使って国内で生産した分は、自給率に換算されません。国内で育てられたニワトリが食べていた飼料のうち半分が海外から輸入されたものだったとしたら、そのニワトリが産んだ卵のカロリーのうち、自給率に反映されるのは半分だけということです。

　カロリーベースの自給率は、国民が生きていくのに必要なエネルギーのうち、どのくらいを国内でまかなえているかを示す数値です。不測の事態の際に、国民が必要とする最低限の食料供給を確保するという「食料安全保障」の状況を評価する指標でもあります。

　他の先進国のカロリーベース食料自給率を見てみると、カナダ221%、オーストラリア173%（2020年）、アメリカ115%（2020年）、フランス117%、ドイツ84%、イギリス54%、イタリア58%となっています（2022年の数値）。日本の食料自給率は先進国中最低です。

#安全保障　#防衛費

　日本政府は、日本を取り巻く安全保障環境が急速に厳しさを増したという理由で、これまでGDP（国内総生産）の1%とされていた防衛費を、2023～27年の5年間で倍増する方針を打ち出しました。果たして、防衛費をGDP2%の水準に引き上げることで、この国の安全が守れるのでしょうか。

80年前の太平洋戦争では、日本は兵站（前線の部隊に食料などを運ぶこと）を軽視し戦線を拡大しすぎた結果、大量の餓死者を出して敗戦しました。約230万人の戦死者の7割は餓死者だったといいます。私たちはあの戦争から何を学んだのでしょうか？

　現在の38％の自給率は、戦前の自給率の半分以下（1939年の自給率は86％）です。この状況で戦争が起きて食べ物が輸入できなくなったら、兵站どころか国内で多くの餓死者が出るかもしれません。
　武器や弾薬をどれだけ買い揃えても、腹が減っては戦はできません。

参考

●日本と世界の食料安全保障（外務省、2020年）
https://www.mofa.go.jp/mofaj/files/000022442.pdf
●令和3年度 食料・農業・農村の動向（農林水産省、2021年）
https://www.maff.go.jp/j/wpaper/w_maff/r3/pdf/zentaiban.pdf
●食料自給率とは（農林水産省）
https://www.maff.go.jp/j/zyukyu/zikyu_ritu/011.html
●諸外国の食料自給率 我が国と諸外国の食料自給率（試算）（農林水産省、2023年）
https://www.maff.go.jp/j/zyukyu/zikyu_ritu/attach/pdf/013-4.pdf
●防風林「戦前戦後の食料自給率【2019年8月3週号】」（全国農業共済協会）
http://www.nosai.or.jp/mt6/2019/08/post-5348.html#:~:text=%E6%88%A6%E5%89%8D%E3%81%AE%
E7%B1%B3%E8%87%AA%E7%B5%A6%E7%8E%87,%E3%81%8B%E3%82%89%E8%BC%B8%E5%8
5%A5%E3%81%97%E3%81%A6%E3%81%84%E3%81%9F%E3%80%82

誰もが豊かに、希望を持って
年を重ねられる社会をつくる

秋本可愛さん

株式会社Blanket代表取締役

　1990年生まれ。介護現場でのアルバイトを通し「人生のおわり
は必ずしも幸せではない」現状に課題意識を抱き、2013年株式会社
Join for Kaigo（現、株式会社Blanket）設立。「すべての人が希望を語れる
社会」を目指し介護・福祉事業者に特化した採用・育成支援事業や人
的課題の解決を目指す「KAIGO HR」を運営。介護に志を持つ若者コ
ミュニティ「KAIGO LEADERS」発起人。2017年東京都福祉人材対策
推進機構の専門部会委員就任。第10回若者力大賞受賞。

主な関連社会問題　01（→14ページ）、96（→●ページ）、61（→198ページ）

#介護　#働き方　#起業

＊以下敬称略、肩書等はインタビュー当時（2023年6月）のものです。

> 憧れからアパレルのバイトをやったこともあるんですけ
> ど、介護のほうが全然面白いって感じたんです。

——秋本さんが創業した会社、取り組んでいる事業について、教えて
ください。

秋本　　株式会社Blanket（ブランケット）という会社を経営しています。
　　　　私たちは「すべての人が希望を語れる社会へ」をビジョンに掲
　　　　げていて、現在のメイン事業は介護福祉事業所に特化をした採

用育成定着の支援と、介護について早い段階から触れる機会づくりをしています。

　介護に触れる機会づくりというのは、いま介護に関わる当事者の人たちがすごく増えてるので、差し迫ったときに初めて介護について調べたりするのではなくて、もうちょっと早い段階から介護について考えたり自分ごとにできる機会を提供しています。

——日本は今、超高齢社会といわれていて、介護の分野はすごく注目されていますよね。介護といってもいろんな関わり方がある中で、どうして今の事業の形になったのでしょうか？

秋本　最初の取り組みは大学生のときで「KAIGO LEADERS（カイゴリーダーズ）」というコミュニティを立ち上げました。

　私自身、学生時代に2年間だけ介護の仕事に携わったのですが、私が働いた介護の現場は、利用者さんと職員しか関わらない狭い世界でした。そんな閉鎖的な環境の中、介護職に従事している人が悩みを抱えても誰にも共有できずに、ずっと1人で悩んだ結果、離職することも多くありました。

　そこで、介護の現場にいる若い職員たちが、職場を超えて相談できるような場をつくるためにコミュニティ運営を始めたんです。

　そのコミュニティでは、いわゆる「サードプレイス」と呼ばれるような、仕事や地域に関係なく、職場外のつながりを大切にしています。参加者が一緒に勉強したり一緒にプロジェクトを起こしたりする場所なのですが、それだけでは防げない離職もありました。相談できるつながりがあったとしても、組織そのものの課題で仕事を辞めてしまったり、精神を病んでしまったりする方を見ていて、結局のところ組織が変わらないと課題

解決にはならないことに気づいたんです。そこから、どうしたら若い人たちが活躍できて、働きやすい環境をつくれるか、という観点で、組織の課題に取り組むようになりました。

　いろんな課題があるのですが、今は「とにかく人が足りない」という声を聞くことが多く、現在行っている採用支援や定着の支援を始めたんです。

——学生時代から現場で働いてみたということですが、実際に働いてみて気づいたことはありましたか？

秋本　メディアとかでも言われているので、多分みなさんご存じだと思いますが、介護現場は慢性的に人手が不足している状況です。とはいえ、実は介護職に従事する人の数自体はめちゃくちゃ増えているんです。

　2000年に介護保険制度ができたことで、それまで55万人しかいなかった介護職員が、今は215万人（2021年時点）まで増えました。ただ現場は、職員が4倍に増えてもまだ追いつかない。それだけ介護が必要な人が増えているんですね。

　私はこの業界しか逆に知りませんが、ここで働く人は、本当に目の前の人のためを思っている人たちがすごくたくさんいます。目の前の人が、終末期を幸せに過ごせるように、日々考えて働いているんですよね。私は、そんな人たちがどうしたら幸せに働き続けられるかを日々考えています。

——介護職の人が、4倍も増えているとは驚きでした。とはいえ、介護というと、特に若い人にとっては、自分にとって遠い話だと感じる人も多いと思います。また、介護は重労働で大変というネガティブなイメージを持っている人もいると思いますが、秋本さんが初めて介護に触れたときは、どんなイメージを持っていましたか？　また、実際

に関わってみて印象が変わることはありましたか？

秋本　私の祖父母は4人とも、ありがたいことに長生きしていて、私が学生のころは介護とは無縁だったこともあり、そもそも介護のイメージがあまりなかったんです。なんとなく、福祉の世界は優しい人がやるんだろうな、くらいで、そもそも関心すらありませんでした。そんな状態から介護業界に入ったんです。

　介護というと、大変そうな仕事であることが強調されるんですが、私にとっては大変だという一面よりも、「面白さ」のほうが強く印象に残りました。それまでは、ちょっとした憧れからアパレルのバイトをやったこともあるんですけど、介護のほうが全然面白いって感じたんです。

　多分私は人と関わることがすごく好きなんですよね。飛び込んでみて、それに気づいて、思ってもみなかった面白さに出会えました。

――まったくイメージがないところから介護に関わったのは、なにかきっかけがあったのでしょうか？

秋本　大学の起業サークルがきっかけでした。

　最初は本当に介護に興味がなくて、介護を選んだことに特別な理由もなく、大学の学部も商学部だったので、福祉に関係していたわけでもないんです。

　私は山口県出身で、高校まではずっと山口で育ちました。大学進学するとき、なんとなく東京に行きたいっていうだけで東京に来ました。特にやりたいことがあったわけでもないので、大学4年間で何か見つかればいいかなって思っていたんですよね。

いざ大学に行き始めると、新しい環境はとにかく楽しい一方で、あんまりがんばらなくても単位が取れちゃうし、勝手に時間だけ進んでいく感覚がありました。小学生から高校生まではずっとバスケ部だったこともあり、目標に向かってがんばるタイプだったんですけど、なんだか急に目標がなくなっちゃった感じがしていました。

　大学に入ったけれど、卒業後に自分が何をやりたいかわからないし、単位も簡単に取れるから成長してる実感もあまりない。ただただ楽しい状態だったんですが、大学2年ぐらいになったときに「このままでいいのか」という漠然とした不安を感じるようになりました。何も達成しないまま4年間が過ぎていってしまう気がしたんです。

　そんなときに、当時流行っていたSNSで「起業サークル」を見つけて、面白そうだったので新歓（新入生歓迎会）に行きました。そこに行くと、「自分は将来こういう事業をやりたい」とか、夢を語っている同世代がたくさんいたんです。すごいなという憧れから、そのサークルに参加することにしました。

　サークルでは勉強会をするのではなく、チームを組んで実際に事業をしながらビジネスを学びました。チームの配属は希望制でしたが、当時の私は特にやりたいこともなかったので、一緒に活動したら成長できそうな先輩がいるチームを選びました。そこがたまたま介護をテーマにしていたことが、私の介護との出会いでした。

　先輩の原体験で、大好きだったおばあちゃんが認知症を患って、自分のことを忘れられてしまったことから、認知症の課題に取り組んだんです。大学生の活動なので、事業と言ってもお小遣い稼ぎくらいにしかならないものでしたが、認知症の症状がある人とコミュニケーションを取れるようなフリーペーパー

を発行していました。協賛を取ってきて、美大生と組んで活動していく中で、介護や認知症というトピックについて触れる機会が増えました。やっていくうちに、このフリーペーパーが本当に効果があるのか疑問に思い始め、認知症についてちゃんと理解したいと思うようになったので、介護の現場でアルバイトを始めたんです。

　実際に介護の現場に入ってみると、全員が認知症を患っているんですよね。みんなが認知症になるのであれば、認知症になっても、どうやったら元気で穏やかに過ごせるかということを考える必要があると思ったんです。

　現場での発見はそれだけじゃなく、私の関わり方次第で、人が変わっていく面白さにも気づけました。

　たとえば、認知症の症状で、ちょっと暴力っぽく、荒っぽくなっている人が、接し方次第でだんだん穏やかになって、もとのやさしい人柄を取り戻すこともあるんです。そういう体験を通して、介護の面白さに惹かれていきました。

　一方で、介護の現場の課題も見えてきました。ただの学生バイトの私が2年働いただけで、そのバイト先で、現場歴が上から2番目になったんです。そのくらい、介護の現場は人の回転

が早いんですね。

　お風呂の介助の際、服を脱いでもらったら体中痣だらけで、虐待が発覚したこともありました。本人もご家族も苦しんでる現状があることがだんだん見えてきたんです。

> ポジティブでもネガティブでも、自分の感情が動いた瞬間こそ、パワーが発揮される瞬間だと思います。

——どんなテーマにもオープンでいたからこそ、これだ！　と思えるテーマに出会えたのかもしれないですね。そこで気がついた面白さと課題感が、今の事業につながっているんですね。

　自分のエネルギーを注いでがんばれるテーマを見つけるのってなかなか難しいと思いますし、探している人ってたくさんいると思うのですが、そういう人に対してアドバイスはありますか？

秋本　みんな悩んでますよね。

　私が介護に触れ始めて、面白いなと思った一方で、それを続けている理由の1つになってるのは、どちらかというと課題意識とか怒りなんです。ポジティブな気持ちというよりは、その課題意識のほうが大きいです。

　飛び込んでみて、いざ仕事にしてみると、面白さを感じる一方で、やっぱりつらいことや悔しいこともたくさんあります。

　私が出会った中に、「死にたい死にたい」って言ってるばあちゃんがいたので、「なんで？」って思って聞いてみると、「生きてることに申し訳ない」って思いでいたんですよね。それを見て「こんなの嫌だ！」と心底思いました。

　それまでは、年を重ねることってすごく「めでたい」ことだ

と認識して生きてきました。

　私の従兄弟は20歳で亡くなっているのですが、誕生日を迎えたいけど迎えられなかった人もいるんです。一方で、長生きしてる人が「早く死にたい」って言ってるって、何だこりゃ？って思いませんか。

　日本が長寿社会であるってことは誇れることだと思っているのですが、であれば幸せに最後を迎えることができる社会にしたいですよね。

　何かやりたいことを探すとなると、自分の前向きな気持ちから探しがちだと思います。でも、それだけじゃないと思っていて、たとえば怒りとかでもいいんです。ポジティブでもネガティブでも、自分の感情が動いた瞬間こそ、パワーが発揮される瞬間だと思います。私の場合、それが強く出たのが、どちらかというと怒りでした。

　なので、ニュースを見て「すごく嫌だな」とか、深刻にとらえられることがあったら、それ自体が自分の強みだと思います。そういう感情の動きを大切にしてほしいです。

──ありがとうございます。起業家の人の原体験って、ちょっとキラキラしたストーリーや不幸な体験が多いですが、自分のちょっとした感情の起伏に目を向けるっていうのは新鮮です。

秋本　そういうほうがドラマとかで取り上げられやすいですが、私の場合は淡々としたストーリーですよね。

　介護のことをやっているけど、私自身の家はじいちゃんばあちゃんみんな元気なんです。介護のことが、自分の家族が直面している身近なトピックだったわけでもないんです。だから、そんなに劇的なストーリーではないですよね。

> 介護を通して、親ときちんと向き合えたりするので、
> 介護って実はものすごく豊かな時間だと思うんです。

——自分の感情って普段蔑ろにしがちかもしれません。そこに注目してみると、何か気づきがあるかもしれませんね。介護の現場自体も、たくさんの人と関わるので、多くの人の感情に触れる機会が多そうですね。

秋本　日々現場ではいろんなことを教えてもらいます。当事者の家族の方が、介護をしていく中で、それまで知らなかったことが見えてくることもあります。

　たとえば、親がどんな価値観を持っているのかとか、どんな人生を歩んできたのかとか、介護する中で知っていくこともあります。介護を通して、親ときちんと向き合えたりするので、介護って実はものすごく豊かな時間だと思うんです。だからこそ、豊かに感じられるぐらい、余裕がある状態で介護できるかどうかが大事です。

　介護って、社会の負担だと思われることが多いですが、社会に暮らす個人個人にとって、とても大事な時間だと思います。

　最近では、介護される側の人たちが、社会に貢献するような取り組みも増えているんですよ。

　介護の現場に関わり始めた頃の私は、介護＝お世話をすることだと思い込んでいて、一生懸命その人のためにできることを考えていました。でも、介護される本人からすると、こんな若い子に世話になりたいなとは思ってないんですよね。認知症の症状がある人や要介護の人も、地域の中でめちゃくちゃ活躍できるような環境をつくってる事業所もあります。

たとえば、認知症の症状がある人が地域の清掃活動を行ったり、有償ボランティアでお金を稼ぐ環境をつくっていたり。幾つになっても、誰かの役に立って「ありがとう」って言われる喜びが感じられる社会って、いいですよね。そもそも何か役割があると、死にたいなんてあんまり思わないと思うんです。

　これからもいろんな介護の形が生まれてくると思っていて、**介護業界は可能性を秘めてると思っています。**

第 **6** 章

「他者の権利」に
関する数字

—— 外国人・動物福祉

63 技能実習生の失踪者数、
2022年は9006人

#外国人技能実習制度　#人材不足

　1993年に始まった「外国人技能実習制度」は、「開発途上国」といわれる国々からやって来る実習生に、日本の職場で働きながら技能・技術・知識を伝え、開発途上国の経済発展を担う人づくりに協力する制度です。技術移転による国際貢献という立派な目的を掲げてはいますが、実際は少子高齢化で人材不足となった産業に、安価な外国人労働力を提供するための仕組みとして機能してしまっています。移民政策をとらない日本では、原則として外国人の単純労働者は受け入れていません。日本の就労ビザをとるためには、一定の学歴やスキルを求められます。しかし、技能実習の制度を使えば、学歴やスキルがない外国人を単純労働者として働かせることができるのです。

　もちろんまともな労働環境で働いている技能実習生もいますが、その一方で劣悪な環境で働かされている実習生もいます。
　厚生労働省による賃金構造基本統計調査では、賞与や残業代を除いた技能実習生の1カ月の賃金は平均17万7800円。日本人労働者の賃金の7割程度です（技能実習生の平均年齢は27.9歳で、同年代の日本人の平均賃金は25万1200円）（2022年）。

図 63-1　技能実習生の失踪者の推移

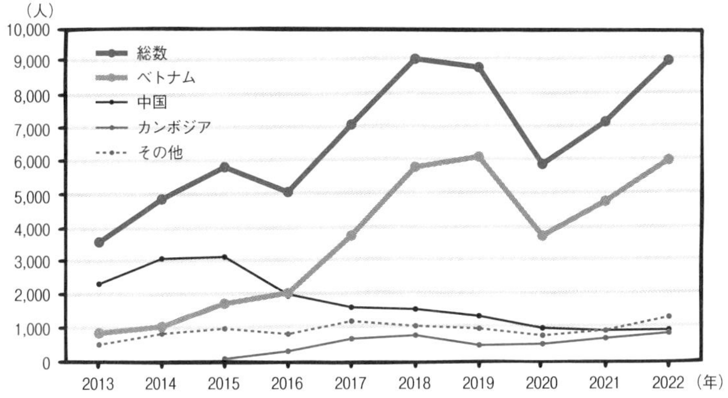

（人）

＊「技能実習生の失踪者数の推移（平成25年〜令和年）法務省」のデータを基に作成。

　技能実習生には「日本人と同等以上」の賃金を支払わなければならないというルールがありますが、守られていないのが実態です。

　　　　　　　＃不法残留　＃賃金未払い　＃長時間労働　＃労働災害

　過酷な労働現場から逃げ出し、「失踪」してしまう技能実習生も後を絶ちません。2022年の実習生の失踪者は9006人に上りました（図63-1）。

　2019年の法務省の調査によると、2017年1月〜2018年9月の間に不法残留などで摘発された5218人の失踪実習生のうち、少なくとも721人は「賃金未払い」や「不適切な長時間労働」といった不正行為の被害にあっていた疑いがあるとわかりました。また、失踪した実習生2900人を対象にした聞き取り調査では7割に当たる1939人が最低賃金未満で働かされていたことが判明しています。

　低賃金や長時間労働だけではありません。2022年度の労働災害（仕事中の事故）の発生割合を見てみると、すべての労働者の平均が1000人中2.32件なのに対し、技能実習生は3.79件と、平均の1.63倍。技能実習生は、日本人労働者に比べて危険な職場で働かされているのです。

第6章「他者の権利」に関する数字──外国人・動物福祉

こうした各種調査結果は、技能実習生の人権保護が適切に行われていないことを示しています。2022年の厚生労働省の調査では、技能実習生を受け入れている事業者の73.7％が法令違反をしていたことも発覚しています。

#送り出し機関　#強制労働　#人身売買

　ところで、実習生はなぜ転職でも帰国でもなく、「失踪」を選ぶのでしょうか。

　そもそも、技能実習生は原則として転職を認められていません。仕事がきつくても、職場が自分にあわなくても、他の会社に転職するという選択肢がありません。

　また、実習生の多くは来日するために「送り出し機関」と言われる人材派遣会社やブローカーに高額な手数料を支払う必要があり、そのために多額の借金を抱えるケースが少なくありません（出入国管理庁の調査では、技能実習生が支払った手数料の平均は約52万円）。帰国しても返済の目処が立たないため、故郷に残した家族に迷惑をかけないためにも、日本で新たな仕事を求め、失踪するケースが後を絶たないのです。

　さまざまな問題を抱える技能実習制度に対して、日本国内だけでなく国外からも非難の声が上がっています。

　2010年、日本における移住者の人権状況に関する訪問調査を行った〝移住者の人権に関する国連専門家〟は、技能実習制度の廃止を勧告しています。また、アメリカの国務省が世界各国の人身売買に関してまとめている報告書（Trafficking in Persons Report）は、「技能実習制度のもとで強制労働が続いているにもかかわらず、日本政府は実効性のある対策をとっていない」と繰り返し非難しています。技能実習制度に対する国内外からの批判を受け、日本政府はこれまで禁止されてきた実習生の転籍（別の会社に移ること）を可能にするなどの待遇改善を検討しています。

国際貢献の名のもとに、外国人に多額の借金を背負わせ、低賃金で長時間働かせる。こうした仕組みが、私たちの日々の暮らしを支えています。

　しかし近年、日本の国力が衰退し、他のアジア各国が急速に発展するなか、外国人労働者が日本で働く魅力は年々低下しています。「稼げる」から日本に来る時代が終わろうとしている今、外国人なしではもはや回らなくなっている日本の産業をどうやって維持していくのでしょうか。

参考

●令和5年6月末現在における在留外国人数について（入国管理局、2023年）
https://www.moj.go.jp/isa/publications/press/13_00036.html?hl
●日本の外国人労働者：2022年は過去最多の182万人に－厚生労働省調べ（日本財団、2022年）
https://www.nippon.com/ja/japan-data/h01612/
●技能実習生の失踪者数の推移（平成25年〜令和4年）（法務省）
https://www.moj.go.jp/isa/content/001362001.pdf

64 日本人の寄付総額は名目GDPの0.2%

#寄付

　困っている人々を手助けしたり、社会的な活動をする団体を支援する方法の1つが「寄付」です。2020年の日本の個人寄付の推計総額は約1兆2160億円でした（NPO、NGO、自治体、業界団体、地域コミュニティへの寄付や政治献金などを含む）。個人による寄付は、10年前と比べて2.5倍に増えました。背景には、ふるさと納税や税制免除などの制度が整ったことや、2011年の震災、2020年からの新型コロナウイルスの流行などを経て、社会貢献意識や「助け合い」の認識が育ったことがあるとい

われています。返礼品目当て
だと揶揄されるふるさと納
税も、2022年は納税額の26%
超が返礼品のない課題解決
型のプロジェクトへの寄付
でした。

　超高齢社会の日本では、自
らの遺産を寄付にする遺贈
寄付への関心も高まってお
り、42.3%の人が「資産があ
れば遺贈寄付を考えている」といいます。

　それでも、他国と比べると日本は寄付が少ないのが現状です。GDP
（国内総生産）に対する個人寄付の割合は、アメリカの2.1%（2021年）や
イギリスの0.8%（2022年）に対して、日本はわずか0.2%です。

#人助け指数

　寄付に限ったことではなく、そもそも日本人は「助け合い」をしな
い国民だということを明らかにするデータもあります。イギリスの慈
善団体が毎年公表している「人助け指数」です。

　この指数は、世界142カ国の14万7186人を対象に行われた調査の
うち、①「この1カ月の間に、見知らぬ人、あるいは、助けを必要と
している見知らぬ人を助けたか」、②「この1カ月の間に寄付をした
か」、③「この1カ月の間にボランティアをしたか」という3つの質問
に対する回答を集計し、ランク付けしたもの。その2023年版で日本
は142カ国中139位（ワースト4位）でした（表64-1）。
「見知らぬ人を助けた」という回答に限ると、なんと日本は世界で最
下位。文化の違いから、他国の人が「助けた」と感じることを日本人
は意識せずにやっているから、という理由も考えられますが、それに
してもショッキングなデータではないでしょうか。

表64-1　人助け指数上位5カ国と下位5カ国

順位	国名	人助け指数	見知らぬ人を助けた割合	寄付をした割合	ボランティアをした割合
1	インドネシア	68	61%	82%	61%
2	ウクライナ	62	78%	70%	37%
3	ケニア	60	76%	53%	51%
4	リベリア	58	80%	30%	65%
5	アメリカ	58	76%	61%	38%
138	ギリシャ	18	43%	6%	6%
139	日本	18	21%	16%	17%
140	イエメン	18	43%	4%	6%
141	クロアチア	18	30%	17%	7%
142	ポーランド	15	22%	18%	4%

＊World Giving Index 2023 を基に作成。

　あなたは、この1カ月の間に見知らぬ誰かを助けたり、寄付やボランティアをしましたか？

参考

- 「日本の寄付の現状2022」（日本ファンドレイジング協会、2022年）
  https://jfra.jp/wp/wp-content/uploads/2022/12/Slide-Deck-draft_1216final-1.pdf
- Giving USA Data Shows $18.6B Lift Flattened By Inflation（The Nonprofit Times, 2022）
  https://thenonprofittimes.com/report/giving-usa-data-shows-18-6b-lift-flattened-by-inflation/
- Financial pressures saw donations drop by £5bn last year – report（UK Foundraising, 2023）
  https://fundraising.co.uk/2023/04/24/financial-pressures-saw-donations-drop-by-5bn-last-year-report/
- CAF World Giving Index（Charities Aid Foundation）
  https://www.cafonline.org/about-us/research/caf-world-giving-index

65

戸籍を持たない「無戸籍者」、これまでにわかったのは**3235人**

#無戸籍　#誰も知らない

日本では赤ちゃんが生まれたら役所へ出生届を提出し「戸籍」がつ

くられます。

　しかし、なんらかの事情で
この出生届が提出されず、戸
籍がないまま生きる「無戸
籍」の人たちもいます。

　戸籍がないと、学校に通え
ない、健康保険証がなく病院
にかかれない、身分証明書を
つくれず就職できない、住居
を借りられない、選挙権がな

い、結婚できない…などたくさんの不利益を被ります。

　無戸籍状態の解消を目指す法務省は2014年7月から無戸籍者に関
する調査を開始。2020年9月時点で3235人の無戸籍者を把握すること
ができました。確認できていない人も含めて、日本には1万人以上の
無国籍者が暮らしていると言われています。

　是枝裕和監督の2004年の映画「誰も知らない」は無戸籍の子ども
たちを描いた作品です。

　母子家庭の母親が、ある日突然帰らなくなり、残された4人のきょ
うだいたちは子どもだけでの生活を余儀なくされます。無戸籍ゆえに
行政にも存在を把握されておらず、学校や児童相談所などの支援の手
も差し伸べられることはなく、子どもたちだけの生活が破綻していく
というストーリーです。

　この映画は「巣鴨子ども置き去り事件」という1988年に実際に起
きた事件を題材にしたものです。

#嫡出推定　#DV

　無戸籍になる理由はさまざまですが、その1つが民法772条の存在
です。

「嫡出推定」について定められたこの条文では、「離婚後300日以内に生まれた子どもは、前の夫との子と推定する」と書かれています。明治時代につくられた民法をそのまま引き継いだものですが、その目的は、離婚後に生まれた子どもの親子関係（扶養義務を負う父親）を早く確定させ、養育環境を整えるなどして「子の利益」を守ることにありました。

しかし、DNA鑑定なども可能となった現代において、この民法772条は、本来の目的とは逆の働きをしてしまっているといわれています。

新しいパートナーとの間の子どもにもかかわらず、元夫の子どもだと推定されてしまうことを恐れて出生届を出せないケースがあり、772条の嫡出推定が無戸籍児を生む原因になってしまっていたのです。

こうした問題が指摘されていた民法772条は、2022年に見直され、再婚後に生まれた子どもは現夫の子とする改正民法が成立しました（施行は2024年4月から）。

かつては正当な目的をもって整備された法律や制度も、時代とともにその弊害が大きくなることがあります。今の時代に見合ったものになっているか、本来の目的を果たせているのかを、常にチェックしながら、必要があれば改善していかなければなりません。。

> **参考** ....
>
> ● 働けない、結婚できない、救う法律もない。支援者に聞く、無戸籍者の実情（日本財団、2023年）
>   https://www.nippon-foundation.or.jp/journal/2023/95991/social_isolation
> ● Typology of Stateless Persons in Japan／日本における無国籍者（UNHCR/国連難民高等弁務官事務所、2017年）
>   https://www.unhcr.org/jp/wp-content/uploads/sites/34/2018/01/TYPOLOGY-OF-STATELESS-PERSONS-IN-JAPAN_webEnglish.pdf
> ● 無戸籍者に関する調査結果（法務省、2020年）
>   https://www.moj.go.jp/content/001341379.pdf

66 日本の難民認定率は<u>2%</u>

#難民　#難民条約　#難民認定

　一般的に、紛争や迫害などにより住み慣れたふるさとを追われ、他国に逃れた人たちを「難民」といいます。

　第二次世界大戦後の1945年に国際連合（国連）が設立されてまもなく「世界人権宣言」（1948年）が採択されました。基本的人権尊重の原則のもと、史上初めて人権保障の目標や基準を国際的にうたったものです。その中で"庇護を求める権利"（すべて人は，迫害を免れるため，他国に避難することを求め、かつ、避難する権利を有する）が確認されました。

　その後、1951年の「難民の地位に関する条約」で難民の権利を保障することが約束され、さらに1967年の「難民の地位に関する議定書」によって、51年の条約の中にあった地理的・時間的制約が取り除かれました。51年の条約と、67年の議定書を合わせて「難民条約」と呼びます。

　1981年に難民条約に加入した日本にも、多くの難民が紛争や迫害から逃れてやってきます。日本に来た難民の人々は、庇護してもらうために難民認定申請をしますが、ほとんどの場合申請は却下されます。難民認定されません。日本は彼らを庇護の対象である「難民」だと認めないのです。

2022年に日本で難民申請したのは3772人、そのうち認定されたのは202人。難民認定率はわずか2.0%でした。

　ちなみに、同年の諸外国での難民受け入れ数は、ドイツ 4万6787人（認定率20.9%）、アメリカ 4万6629人（45.7%）、フランス 4万1681人（20.9%）、カナダ 3万598人（59.2%）、イギリス 1万8551人（68.6%）となっています。日本とは桁違いの数の難民を受け入れ、庇護しています（図66-1）。

　日本の難民認定率が低い理由の1つは、日本の難民条約の解釈です。

　難民条約では「人種、宗教、国籍、政治的意見やまたは特定の社会集団に属するなどの理由で、自国にいると迫害を受けるかあるいは迫害を受ける恐れがあるために他国に逃れた人」を難民と大まかに定義していて、具体的な基準を細かく定めてはいません。そのため各国でその解釈が異なるのですが、日本の解釈は特に厳しく、「難民」の定義を非常に狭くとらえているのです。

　たとえば、日本ではいまだに戦争や内戦から逃れてきた人々を難民として、認定していません。

　確かに難民条約では、難民の定義に「戦争や紛争から逃れてきた

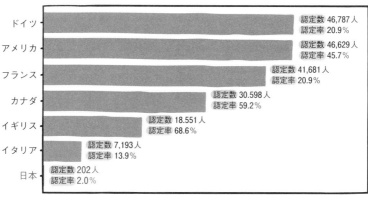

図66-1　難民認定率の各国比較（2022年）

＊難民支援協会のグラフ（一次情報：UNHCR Refugee Data Finder, 法務省発表資料）を基に作成。

人」は含まれていません。国連難民高等弁務官事務所（UNHCR）も1979年に「武力紛争によって国を離れないといけなくなった人は、通常、難民条約上の難民には当たらない」という難民認定の基準を公表しました。しかし、そもそも難民条約は第二次世界大戦によって深刻化した難民問題を受けて定められたものです。UNHCRの示した基準に対し「戦争から逃れた人々を助けられないのでは、条約の趣旨や目的に反するのではないか」という批判が出て、2016年に出されたUNHCRの新たなガイドラインでは「戦争、武力紛争であっても条約上の難民に該当する」と明記されました。

　つまり、戦争や紛争から逃れた人々を難民と認めない日本の難民の解釈は、国際的に見たら半世紀も前の時代遅れの解釈なのです。

　　　#入管法改正　#補完的保護　#ノンフルールマン原則　#難民申請
　そうした状況を受け、日本でも、2023年に入管法が改正され、紛争から逃れた人も「補完的保護（準難民）」の対象として受け入れられることになりました。

　しかし、この改正入管法では、これまで上限のなかった難民申請の回数を2回までとする改悪も同時に行われています。これまで難民認定申請中は送還が認められてこなかったのですが、今回の法改正により、3回目以降の申請者は「相当な理由」を示さなければ本国に強制送還されることになりました。

　この変更は、難民条約の33条で定められたノンフルールマン原則に反する疑いがあるとして、激しく非難されています。ノンフルールマン原則とは、「難民（難民申請者も含む）を迫害されるおそれのある国に送還してはいけない」というルールです。

　難民条約では、①難民を彼らの生命や自由が脅威にさらされるおそれのある国へ強制的に追放したり、帰還させてはいけないことや、②庇護申請国へ不法入国したり、不法に滞在していることを理由に難民を罰してはいけないことなどが規定されています。

難民申請の回数を制限する今回の入管法改正は、母国に帰ると紛争や迫害などで殺されてしまうかもしれない人を、無理やり母国に送り返してしまう危険性があるのです。

　2022年にTBSで放送されたドラマ「日本沈没：希望のひと」では、日本列島が沈没する事態に直面した日本国民は、世界各国に移民（原作の小説では難民）として受け入れてもらうことで救われました。もし、日本沈没が現実になったとき、これまで難民をまともに受け入れずに送り返してきた私たちを、他国が受け入れてくれるのでしょうか？

参考
- **難民とは**（UNHCR）
  https://www.unhcr.org/jp/what_is_refugee
- **令和4年における難民認定者数等について**（出入国在留管理局、2023年）
  https://www.moj.go.jp/isa/publications/press/07_00035.html
- **日本の難民認定はなぜ少ないか？－制度面の課題から**（難民支援協会）
  https://www.refugee.or.jp/refugee/japan_recog/

67

外国籍の子どもの<u>17人に1人</u>が学校に通っていない

#不就学　#外国人

　日本に暮らす外国人のうち、6〜15歳の義務教育に相当する年齢の子どもの数はおよそ13万7000人（2022年時点）。そのうちおよそ6%に当たる約8000人の子どもが「不就学」の状態にあるかもしれないことが2022年の文部科学省の調査でわかりました。不就学とは、国公私立の小・中学校はもとより、外国人学校などにも通っていない状況のことをいいます。17人に1人が、学校に通っていない可能性があるのです。

日本も批准する「児童の権
利に関する条約」ではすべて
の子どもに学ぶ機会を平等
に与えることが約束されて
います。

　日本国憲法のうち義務教
育について書かれた第26条
では、「すべて国民は、法律
の定めるところにより、その

能力に応じて、ひとしく教育を受ける権利を有する」とし、子どもに
「教育を受ける権利」を保障しています。しかし、文部科学省の見解
では、就学の義務は「日本国民」に限られ、外国人は含まれていませ
ん。外国籍の人は自ら希望しない限り、就学の機会を与えられないと
いうのです。

　　我が国においては、外国人の子の保護者に対する就学義務はあ
　　りませんが、公立の義務教育諸学校へ就学を希望する場合には、
　　国際人権規約等も踏まえ、その子を日本人児童生徒と同様に無償
　　で受け入れているところです。

　　──文部科学省の web サイト『13. 外国人の子等の就学に関する手続について』より

「国民」に納税義務を課す第30条の「国民」には外国人住民も含ま
れるのに、第26条の「国民」には外国籍の人は含まれない。なんだ
かヘンな話です。

#日本語指導

　とはいえ、希望すれば外国籍の子どもも日本の義務教育を受けるこ
とができます。しかし、多くの子どもが日本語で行われる授業につい

ていけずに苦労しています。

　公立の小学校〜高校に通う子どものうち、日本語がわからないために日常生活や授業に支障があり「日本語指導」が必要だとされる子どもが4万7627人もいるといいます（2021年）。

　サポートが不十分で日本語能力を身につけられなかった子どもたちは、進学や就職で苦労します。日本語指導が必要な高校生の中退率は9.6%と、全高校生の1.3%と比べ、実に7倍以上。高校卒業後に大学などに進学する割合は42.2%（全高校生は71.1%）、高校卒業後に就職した生徒の非正規就職率は40%（全高校生は4.3%）です（2017年）。

　少子高齢化で人材不足が深刻化するなか、外国人労働者や留学生の受け入れを増やした結果、日本に暮らす外国人は年々増え続け、現在は322万人以上の人が暮らしています（2013年の在留外国人数は206.6万人）。当然、外国籍の子どもや両親のどちらかが外国籍である「海外にルーツを持つ子ども」も増えています。

　彼らを迎え入れた私たちには、彼らやその子どもたちの権利を守る責任があります。

参考

● 外国人児童生徒等教育の現状と課題（文部科学省、2022年）
https://www.bunka.go.jp/seisaku/kokugo_nihongo/kyoiku/todofuken_kenshu/r4_annai/pdf/93812501_05.pdf
● 帰国・外国人児童生徒等の現状について（文部科学省、2021年）
https://www.mext.go.jp/a_menu/shotou/clarinet/genjyou/1295897.htm
● 児童の権利に関する条約 第28条（外務省）
https://www.mofa.go.jp/mofaj/gaiko/jido/zenbun.html#1-28
● 日本指導が必要な児童生徒の受入状況等に関する調査結果の概要（速報）（文部科学省、2022年）
https://www.mext.go.jp/content/20220324-mxt_kyokoku-000021406_02.pdf

68 日本在住**外国人の半数以上**が差別を受けた経験がある

#差別　#外国人

　法務省が日本で暮らす18歳以上の外国人を対象に行った調査によると、在留外国人の56.1%が日常生活の中で「差別を経験した」と答えています（2021年）。

　日本で暮らす外国人はどのような差別を受けているのでしょうか。

　前述の調査では、差別された経験をしたのは、家を探しているときが20.6%、仕事をしているときが19.7%、仕事を探しているときが17.9%と続きます。

　2017年に行われた、外国人の人権に関する調査では、39.3%の人が「外国人であることを理由に入居を断ら」れ、うち9割は日常会話以上の日本語を話せることから、日本語でコミュニケーションがとれるにもかかわらず、外国人だからという理由で日常的に不当な扱いを受けている現状が明らかになっています。

#ヘイトスピーチ　#ヘイトスピーチ解消法

　よりあからさまな差別もあります。近年、深刻な社会問題となっている「ヘイトスピーチ」です。ヘイトスピーチとは、特定の国の出身

者であることやその子孫であること、あるいは特定の人種や宗教を信仰していることやジェンダーなどを理由に、攻撃したり、侮辱したりする言動のこと。

2013年ごろから、東京や大阪のコリアンタウンを中心にヘイトスピーチを撒き散らすデモが頻発し、在日朝鮮人などに対して「祖国に帰れ」「日本から出ていけ」「死ね」など差別的な発言が路上で公然と繰り返されました。2015年に法務省によって初めて実施された「ヘイトスピーチに関する調査」では、ヘイトスピーチと見られるデモなどが2012年4月から15年9月までの3年半の間に1152件あったと報告されています。

こうした事態を受け、2016年に成立・施行された「ヘイトスピーチ解消法」では、「本邦外出身者」に対する「不当な差別的言動は許されない」と宣言しました。

ヘイトスピーチ解消法施行以来、路上でのヘイトスピーチは減りました。しかし、いまだネット上でのヘイトスピーチは後を絶ちません。

1965年に国連で採択され、日本も1995年に加入した人種差別撤廃条約では、「締約国は、人種差別を非難し、また、あらゆる形態の人種差別を撤廃する政策及びあらゆる人種間の理解を促進する政策をすべての適当な方法により遅滞なくとることを約束する」が明記されています。しかし現在の日本では、政策を立案する政治家自身が差別的発言をして炎上を繰り返しています。

参考

● 在留外国人に対する基礎調査（令和3年度）　調査結果報告書（法務省、2021年）
https://www.moj.go.jp/isa/content/001377400.pdf
● 外国人住民調査報告書－訂正版－（法務省、2017年）
https://www.moj.go.jp/content/001226182.pdf
● ヘイトスピーチに関する実態調査報告書（法務省、2015年）
https://www.moj.go.jp/content/001201158.pdf

第6章　「他者の権利」に関する数字──外国人・動物福祉

69 殺処分される犬・猫の数は
1万1906匹

#殺処分　#生体販売　#ペットショップ

　2022年度に日本全国の保健所などで殺処分された犬・猫は1万1906匹。20年前の約49万匹（2001年度）から大きく減り、過去最少となりました。

　自治体が引き取った犬・猫のうち、殺処分した割合を示す殺処分率も下がっています。20年前は保健所に持ち込まれた犬・猫の94.8%が殺処分されていましたが、2021年度は24.5%まで下がっていて、全国の保健所や動物愛護センターに持ち込まれた約5万8000匹の犬・猫の多くは譲渡会などで新たな飼い主に引き取られています。

　殺処分が減る裏で、誰にも知られず消えていく命も少なくありません。ペットショップなどで行われる生体販売の過程で、多くの犬・猫が亡くなっているのです。

　少し古いデータですが、生体販売に関して朝日新聞が行った調査によると、2018年度の犬・猫の生体販売の数は述べ89万6126匹。そして繁殖から小売りまでの過程で2万6249匹の犬・猫が亡くなっていたことがわかりました。販売用の子犬や子猫、繁殖用の親犬や親猫が

ストレスなどで死亡していると考えられ、その数は保健所で殺処分される数よりも多いのです。

　フランスでは2024年から生体販売が禁止されました。その他のヨーロッパ諸国やアメリカなどでは生体販売に対して厳しい規制を設けているため、ペットショップでカンタンに犬・猫を買うことはできません。

　一方の日本では、人間の出生数よりも多くの犬・猫が生みだされ、ペットショップの店頭で売られています。

参考

●犬・猫の引取り及び負傷動物等の収容並びに処分の状況（環境省）
https://www.env.go.jp/nature/dobutsu/aigo/2_data/statistics/dog-cat.html
●犬猫、流通中に年2.6万匹死ぬ　ペットショップ・業者（朝日新聞、2020年）
https://www.asahi.com/articles/ASN3Y575NN3KUUPI001.html

70 iPad1枚分の大きさで一生を過ごす
ニワトリは98.9%

#ニワトリ　#バタリーケージ

　国際鶏卵委員会（IEC）の発表によると、2022年に日本人が食べた卵の量は、1人当たり年間339個。メキシコ（368個）に次ぐ世界第2位で、アメリカ（279個）、中国（254個）、韓国（230個）、ドイツ（230個）、イタリア（227個）、フランス（220個）など、他の主要国とくらべて非常に多くの卵を消費する卵消費大国です。

　これだけ卵が好きなのですから、さぞかしニワトリを大切にしているのだろうと思いきや……どうやらそうでもなさそうです。

　日本国内で飼育されている採卵鶏（卵を産ませるために育てられるニワ

トリ）の数は、2023年時点で人間の数より多い1億2857万羽超。そのうち98.89%がケージ飼いで、さらにそのうちのほとんどは世界的に問題視される「バタリーケージ」を用いて飼育されているのです（2024年現在）。

98.9%

「バタリーケージ」とは、ワイヤーでできた小さなケージのこと。1羽のニワトリに与えられるスペースは平均B5サイズ（257mm×182mm）ともいわれ、iPadと同じくらいの面積しかありません。ケージは何段にも積み重ねられ、狭い面積でたくさんのニワトリを育てられるように“工夫”されています。

　メスのニワトリは狭いバタリーケージの中で年間300個ほどの卵を産み続けます。その間、羽ばたいたり、地面を歩いたり、毛づくろいしたりすることはできません。本能的な行動を制限された環境に置かれ、ストレスで病気になったり、密着したニワトリ同士が攻撃し合って命が消えていくこともしばしばです。

　1〜2年間ほど経って卵をあまり産まなくなるとニワトリは産卵の役目を終えます。新しいニワトリと“交替”させたあと、捨てられたり、ミンチにされてハンバーグなどの加工品となって最後の役目を果たします。卵を産まないオスは生まれた瞬間に処分されます。

#アニマルウェルフェア　#ケージフリー

　動物の健康や幸せを大切にする「アニマルウェルフェア（動物福祉）」という考え方から、このように狭いケージに閉じ込めて飼育する方法に対して、世界中で反対の声が上がっています。特にバタリーケージ飼育は、非人道的だと批判されていて、すでに多くの国や地域で禁止

表70-1　国外のケージフリーの流れ

EU	EU指令「産卵鶏の保護のための最低基準」により、2012年からバタリーケージを禁止した。ケージ飼育を続ける場合は一羽当たりの750cmの最低面積、巣、砂場、止まり木が設置された「エンリッチドケージ」でなければならないとされた。 その後、エンリッチドケージから平飼いへの移行も進み、2023年時点では流通する卵の60.3%が平飼いや放牧などケージ飼育以外の卵となっている。 さらにEU議会は2021年6月にケージ飼育廃止を決議し、欧州委員会に禁止法の策定を要請。近い将来、EUではケージ飼育がゼロになると考えられる。
アメリカ	2012年には5.8%だったケージフリー卵の割合は、2023年3月には38.2%にまで上昇。 多くの企業のケージフリーコミットメントにより、2025年末には73%の卵がケージフリーに切り替わると推定されている。 また、州によってはより厳しい措置をとっていて、マサチューセッツ州とカリフォルニア州は2022年から、ワシントン州、オレゴン州、ネバダ州は2024年から、ミシガン州とコロラド州・アリゾナ州は2025年からと、8つの州でケージ飼育禁止とケージ飼育の卵の売買禁止に。
中国	最大の鶏卵消費国である中国では、現在、国内の鶏卵養殖場の10%がケージフリーであるとされている。 2021年の調査で消費者の75%が外食の際に平飼い卵のみを使用するブランドを強く好んでいること、消費者の67%が食品企業に平飼い卵のみを調達することを求めていることが判明し、鶏卵生産業界に大きな変革が生じている。 2021年には公的鶏卵業界団体がケージフリー生産の評価ガイドラインを策定。養鶏業界紙は香港でのケージフリー卵の需要が4年間で倍増するという予測を報じた。 2023年9月、中国国内で最大となる50万羽規模のケージフリーの養鶏場の建設が始まった。
韓国	日本と異なり、ケージフリー飼育されている鶏の数がWEB上で正確に把握できる。 現時点(2023/10/25)で418万1734羽がケージフリーで飼育されている。総飼育数は7418万羽だということなので、ケージフリーで飼育される鶏の数は5.6%となり、2019年と比較すると1%増加している。
台湾	大型ショッピングモールを展開するカルフールがケージフリーをコミットしていて、消費者向けにケージフリーをアピールもしている。 また2021年の報告では、15%の卵がケージフリーに切り替わっているとしている。ケージフリー業者の協会も軌道に乗っており、順調な伸びを見せるものと考えられる。
スイス	ケージ飼育率0%

＊情報提供：認定NPO法人アニマルライツセンター

されています。バタリーケージを廃止した農家は、平飼いや放し飼い
で育てる「ケージフリー」の飼育方法に移行しています（表70-1）。

　こうした世界の流れに対して、日本ではケージフリーへの移行がほ
とんど進んでいません。バタリーケージをやめられない背景には、鶏
卵業界からの圧力があります。効率よく鶏卵を生産できる「バタリー
ケージ」を手放したくない業界団体が、政治家に働きかけて、アニマ
ルウェルフェアの推進を骨抜きにしようとしているのです。
　2021年、鶏卵生産大手「アキタフーズ」の元代表・秋田氏が当時
農林水産大臣だった吉川貴盛議員に多額の現金を渡していたことが明
るみになりました。事件を受けて農水省が設置した「養鶏・鶏卵行政
に関する検証委員会」の報告によると、秋田氏は吉川元農水相に対し
「アニマルウェルフェアの国際基準に農林水産省として反対する」よ
うに何度も要望していたのだといいます。

　どうしたら日本のニワトリの飼育環境が改善されるのでしょうか？
そのヒントは、私たち消費者にあります。いくら業界団体が力を持っ
ていても、その先にいるのは消費者です。「物価の優等生」ともいわ
れる卵を、これまでと変わらぬ安い価格で求め続ける限り、業者はと
にかく安く卵を提供しようとし、ニワトリの飼育環境も変わらないの
です。

参考

- Global Egg Production Continues to Grow(IEC)
  https://www.internationalegg.com/resource/global-egg-production-continues-to-grow/
- Global egg production continues to rise(PoultryWorld、2020年)
  https://www.poultryworld.net/poultry/global-egg-production-continues-to-rise/
- アニマルウェルフェアに関するOIEの検討状況について（農林水産省、2020年）
  https://www.maff.go.jp/j/chikusan/sinko/attach/pdf/animal_welfare_iken-9.pdf

私たち一人ひとりが自分らしく生きることから始めよう

伴 優香子（チャリツモ）

この本を通して、多くの社会問題を見てきました。みなさんはどんな感想を持ったでしょうか？　無力感や怒り、あるいはもっと知りたいという好奇心を感じたかもしれませんね。

この本を読んでいる人の中には、なんとなく生きづらいなと思ったり、自分の将来について不安を抱えている人もいるかもしれません。そんな生きづらさや不安には、社会問題が関わっているかもしれません。

この本の最後に、少し個人的な話をさせてください。筆者の１人である私が、なぜ社会問題に向き合うのか、これまでの経験をお話しします。

私がチャリツモに関わり始めたのは、会社員として働き始めてすぐの頃でした。会社という組織を通じて働いていたものの、社会との接続をいまいち感じられず、自分の興味関心やエネルギーを注ぐ先を探していました。社会人生活の中で、限られた時間やお金

の使い道の選択肢はたくさんありましたが、私はチャリツモでの活動を選んだのです。

当時、ビジネスコンサルタントとして働いていましたが、今は転職をして教育ベンチャーで働きながらチャリツモの活動を続けています。同時に大学院にも通っていたので、３足くらいの草鞋を履いて生きています。また、紆余曲折あって、現在私はアフリカ大陸の南端にある南アフリカ共和国という国に住んでいます。これまでの30年ほどの人生で、自分の関わる世界を広げていった結果、アフリカに行き着いてしまいました。

私のこれまでの人生を振り返ってみると、当時は「当たり前」だと思っていたことに縛られて、生きづらいと感じたこともありました。そんな中、バイト代をためて海外にバックパッカー旅に行ったり、大学やボランティア活動を通して多様な人と出会ったこと

で、自分の中の「当たり前」が、必ずしもそうでないことに気づき、少しずつ生きやすくなっていきました。

● らしさや固定概念から解放され、自分らしい生き方を選ぶこと

大学生のとき、痩せているほうが良いという価値観に縛られて、拒食症になったことがあります。当時は自分がおかしいということすら気づかず、毎日体重計に乗っては、どれだけ少ないご飯の量で1日を過ごすことができたかを振り返り、満足感に浸っていました。無意識に、体重が増えると自分の「人としての価値」がなくなってしまうという、恐怖に囚われていたのだと思います。一人ひとりにとって健康的な体重は異なりますし、どのくらいから「太っている」と見なされるかは社会によっても違います。日本では「太っている」とされる体型も、アメリカに行けば平均的な体型だといわれることもあるのです。残念ながら、日本では痩せることを推奨するような広告やふくよかな体型を揶揄するような風潮に溢れ、健康体重よりもずっと細いタレントやモデルが活躍しています。

ちなみに、現代日本の成人女性の10人に1人、20代女性に限ると5人に1人がBMI18.5以下の「やせ体型」に当たるといわれ、低栄養の状態にあります。女性の低栄養の問題は、赤ちゃんの低体重の問題につながります。低栄養のお母さんのお腹の中で育つ赤ちゃんは十分に栄養を受けられないのです。事実、日本は2500グラム未満の「低出生体重児」の割合が10人に1人と、他の先進国と比べて非常に高い傾向にあります（参考：厚生労働省の資料「活力ある持続可能な社会の実現を目指す観点から、優先して取り組むべき栄養課題について」）。

大学を卒業して、キャリアを築くことを重要視していた私は、女性にとって、子育てとキャリアはトレードオフだと思い込んでいました。新卒で入社した会社の女性マネージャーが保育園の抽選に落ちて、仕事復帰が1年以上遅れることを間近で見たこともあり、キャリアを理由に中絶を選択したこともあります。

しかし、国が変われば、子育てをしながら大学に通っている人や、起業する人、国会議員として活躍する人が当たり前にいることを今では知っています。

インドに行ったときに出会った学生は、海外に行ったことがないのに2、3カ国語を操っていました。それまで、留学に行かなければ言語は習得できないと思い込んでいて、自分には海外経験がなかったので仕方ない、と自分に

言い訳をしていましたが、情熱さえあれば、インターネットを駆使して言語を学ぶことができるのだと知りました。

高校生くらいまで「大学を卒業したら1つの職業につくものだ」と思い込んでいた私は、社会の中で自分らしく生きている素敵な大人たちとの出会いを通して、「こう生きるべき」という固定概念から放たれることができました。生きづらさは減り、自分の可能性を信じることができるようになったことで、仕事をしながら海外の大学院を修了することもできました。

● 自分がいかに恵まれていたかに気がついた

自分の生きづらさと同時に、「当たり前」に享受している自分の特権に気がつくことも多々ありました。

たとえば、生き方の多様さに気がつくことができたのは、学生時代に都内のキャリアイベントに容易にアクセスできたからです。私は東京近郊で育ち、都内の大学に通ったので、電車を少し乗り継げば、都心のイベントに簡単に参加することができました。そのことについて、地方出身の両親からは、高い移動費や東京での宿泊費なしにそうした機会にアクセスできるのは、首都圏に住んでいる特権だといわ

れ、はっとしました。

また、日本のパスポートを持っていれば、多くの人がビザなし、あるいは入国時にいくらかお金を払うだけで外国に行くことができます。それがアフリカのある国だと、事前にビザを取得するために、いくつもの書類を用意して、大使館に行って審査を受ける必要があります。渡航先についた後も、入国審査で日本国籍の人の何倍もの時間質問を受けることがあります。

中東のとある国で出会ったある学生は、「日本の新卒一括採用が羨ましい」と言いました。その国では、失業率がとても高く、大学を出たらほとんどの人が無職で就職に苦労するため、未経験でも採用し、経験を積むことができる日本の雇用が素晴らしく見えたのです。一方で、日本では新卒採用でうまくいかなければ、挽回するのが難しいと思い込み、新卒就活で失敗したことを理由に自殺をしてしまう若者がいる現実もあります。

多くの人との出会いを通して、「当たり前」だと思っていたことや価値観が、自分が育ってきた社会に影響されていることや特権に気づきました。

自分が持つ特権を知ることで、「日本人でよかった」「都会育ちでよかった」と思うこともできますが、そうし

た特権をただ享受するだけでいいとは、今の私には思えません。

パレスチナを訪れたとき、占領下で生まれ育ち、移動の自由もままならない人々の声を聞いたとき、彼らから「パレスチナのことを日本の人に伝えてほしい」と言われました。また、現地で活動するジャーナリストの「知った責任があると思って活動している」という言葉に、今でも考えさせられています。

社会情勢が変わったり、ちょっとした事故にあったりして、自分の特権がなくなってしまうことも十分にあり得ます。みんなが生きやすい社会であってほしいし、自分の時間や能力は、社会がよくなることに使いたいと思っています。そうすることで、自分を含めて社会に暮らす人がもっと幸せになると思うのです。

● 南アフリカを1つにした言葉「ウブントゥ」

最後に、私が住んでいる南アフリカの言葉「ウブントゥ」を紹介したいと思います。

南アフリカという国は半世紀以上にわたって、「アパルトヘイト」という人種差別政策が行われていました。差別というと個人個人の偏見の話のように聞こえるかもしれませんが、それだけではなく、白人が支配する政府が、黒人をもともと住んでいたところから強制退去させて、決められた土地に移動させたり、職業や教育の機会を奪ったり、社会制度として組織的に差別が行われていました。こうした社会構造が、個々人の差別心を醸成してきたのです。

アパルトヘイトが正式に終了したのは1994年、たった30年ほど前のことです。その後、短期間のうちに南アフリカ社会に暮らす人々の価値観や社会の仕組みは180度変化しました。アパルトヘイトに反対する人にとっては待ち望んだ変化です。しかし、中にはあまりに大きすぎる変化に戸惑う人もいました。人種ごとに分断して生活することを正しいことだといわれて育った人が、突然他の人種とも共存します、といわれたのです。

大きな混乱と変化を乗り越えた南アフリカの人たちと話していると、「社会は変えられる」こと、「民衆には力がある」ことを信じている人が多いことに気がつきます。おかしいと思ったことに対して、声をあげることを躊躇しない人がたくさんいて、いつも元気をもらっています。

そんな大変な歴史を乗り越えた南アフリカの人々を1つにしている言葉が「ウブントゥ」です。アフリカ哲学の1つで、「私という存在は、みんなの

おかげで存在する」「I am because we are.（私たち、という共同体がいるから、私がいる）」と説明されます。

　私たち人間は、社会の中で、人とのつながりの中で生きています。自分自身が幸せになることで、社会はよくなるし、社会がよくなることは、自分自身もよりよく生きることができることを、この言葉は教えてくれていると思っています。

　この本をきっかけに、社会について深く考え、さまざまな可能性を模索してみてもらえるとうれしいです。社会は常に変化しており、私たち一人ひとりがその変化に影響を与えることができるのです。まずは、私たち一人ひとりが、自分らしく生きることから、始めましょう。

オワコン化した日本社会だからこそつくり変えるチャンス

船川 諒（チャリツモ代表）

　この本を手に取ってくれて、さらにここまで読み進めてくれてありがとうございます。

　私は株式会社チャリツモの代表の船川と言います。最後にチャリツモという会社についての説明をさせてください。

　弊社チャリツモは「そうぞうしよう。そうしよう」を合言葉に、クリエイターが社会問題を表現するための会社です。イラストレーターやデザイナー、映像作家や写真家、マンガ家やアニメーターの方々が集まって、領域問わずさまざまな社会問題を表現する仕事をしています。私もデザインしたり、文章を書いたり、動画を撮ったり編集したりしています。

　顧客は社会課題の解決を目指すNPOや企業や行政で、顧客が解決に取り組む社会問題を一般の人々に広く伝えるためのコンテンツづくりがおもな仕事になります。

　私たちが仕事をする上で大切にしているのは、「自分」です。顧客からの一方的な指示に従うことは極力せず、クリエイター自身がその問題の背景にある構造を理解し、自分はその問題についてどう感じるのか、誰にどうやって伝えるべきかを自分で考え、顧客に提案するようにしています。

　自分の感覚を信じたり、自分で考えたり、とにかく「自分」が主体的に動くことを大切にしています。もし気分

が乗らなかったり、どうしても扱う社
会問題が理解できなかったり、顧客の
考えに共感できなかったりしたら、そ
の仕事は引き受けません。自分が納得
できるものだけに取り組みます。

「納得できない仕事をしない」という
のは、当たり前のことかもしれません。
でも、私は自分が納得するかなんて考
えずに仕事をしていた時期があります。

●「クリエイター」と名乗った はいいけれど…

　会社を立ち上げる以前、フリーラン
スのWEBデザイナーだった頃のこと
です。私は駆け出しで、とにかくどん
な案件でも引き受けていました。化粧
品や健康食品や住宅やマルチ商法のセ
ミナーの広告など、とにかくなんでも
気にせず引き受けました。ときには顧
客からの一方的な指示に全面的に従っ
て、とっとと仕事を終わらせることも
ありました。仕事を終わらせたあとで
も、自分が広告をつくった商品がどこ
でどう使われるのかわからない、なん
てこともよくありました。そのく
せ、自分がやっていることは「クリエ
イティブ」な仕事なんだと思っていて、
名刺にクリエイターという肩書を書い
ていました。

　そんなある日、とある会合で名刺交
換した相手に手厳しいことを言われま
した。「"クリエイター"って名乗るの、

恥ずかしくないですか？　ただの商業
広告ですよね。なにか新しい価値を生
み出しているんですか？」と。

　初対面でこんなことを言うなんて変
わった人だなと思いつつ、言われたこ
とは図星だったので、死ぬほど恥ずか
しくなりました。私はクリエイター
（新たな価値を生み出す人）を名乗りつ
つ、実のところは顧客の言いなりに
なってデザインソフトを操るだけのオ
ペレーターでした。

　猛省した私はクリエイターを名乗る
のをやめようとも思いましたが、あま
りに悔しかったので「クリエイター」
を名乗るにふさわしい人間になろうと
思いました。

　新しい価値を生み出すために必要な
ことはなんだろうと考え、①自分が興
味を持てるものを扱うこと、②自分の
頭で考えることという2つのルールを
つくりました。

　新しい価値を生み出す表現をするた
めには、その表現する対象に深く入り
込んで理解し、それを自分の感性を通
して表現しなければなりません。その
ためには、自分が興味を持てる分野に
しぼって、「自分」が主体となって表
現しなければならないと考えたのです。

　ところが、私にとってはまず①の興
味の対象を選択することが、とにかく
難しかったのです。

●「自己中心的」に 社会問題と関わり始めて

私は「自分」のことがわかりませんでした。昔から自分が何をしたいのか、何が好きなのか、どこにいれば安心できるのか、どこに所属しているのかわからない……つまりアイデンティティと言われるものが、ことごとく欠如していたのです。そのせいもあって、長年生きづらさを感じてもいました。

だから、いくら考えても自分の本当に興味のあることがわかりません。そこで思いついたのは、自分の生きづらさや自分のなさの原因を探ることを仕事にしようということでした。

ただ、自分の内側に原因を求める試みはすでに何度となく繰り返しては失敗していました。自己批判の試みは結局いつも自己否定につながり、答えを見つけるどころかどんどん苦しくなるだけだったのです。本当に死にそうになったこともあります。

だから今後は自分の外側、自分がこれまで育ってきた社会という環境の側に目を向けようと思いました。

私以外の社会問題に挑む人々は、利他的な心や正義感などがベースにあって、社会の問題に気づき、アプローチを始める人がほとんどです。アフリカの子どもたちの飢餓の現実を知って、なんとかしたいと思って活動を始めた、というように。でも私は、自分のことを考えていたら社会問題に繋がったという、とても自己中心的な理由で社会問題に関わり始めたのです。

そんな理由で社会的な事業を始めた私ですが、社会問題を探ることでさまざまな気づきを得ることができました。それまでまったくつかめなかった日本社会の輪郭が見えてきて、自分がどのへんに位置しているのかようやくわかるようになりました。いくら内省を繰り返してもわからなかった生きづらさの原因も、いくつかは社会構造の中にその答えを見出すことができました。「自分」という軸がなく、空っぽで、他人の目ばかり気にしていた自分の少なからぬ部分は、日本の教育システムによって製造されてきたことがわかりました。社会から隔絶された学校という装置の中で、社会に出てからのモデルケースを何も知らず、学ぶ意味も理解しないまま、詰め込み型の教育を受け、点取りゲームに勝って、より偏差値の高い学校に進むことで、存在価値を認められる世界。学生時代、地域や家族が空洞化していて、学校が社会のすべてだった私は、学校が大嫌いで息苦しくて仕方がなかったのですが、とにかく時間を潰したい一心で、目的もないままに学校教育での競争に時間と労力を使ってしまいました。その結果、生きる力どころか、生きる目的も見

失ったまま、社会に放り出されていたことに気がつきました。

また、さまざまな分野のさまざまな問題を調べることで、複数の問題の連関性やそこに通底する価値観に気づきました。と同時に、そうした社会の偏った価値観を自分自身が内在化してしまっていることにも気づきました。

日本の社会問題の根底にあるものの一つが、男尊女卑の価値観です。家庭や学校や職場で女性に対する差別的な取り扱いが行われたり、テレビで流れる男尊女卑的な表現に日常的にさらされた私は当たり前のように男尊女卑的な価値観を習得してしまっていることに社会問題への学びを通して気づきました。

ほかにも日本では、年齢や学歴、障害の有無や国籍やルックスなど、属性や特性によって差別したり、それだけをもって人を評価したりすることが社会問題となっていますが、こうした価値観は自分の中にもしっかりと根を張っていて、さもはじめからそこにあったもののように存在していることに愕然としました。

しかし、これは私に限った話ではありません。社会は個人が寄り集まってできたものです。だからそこには個人の持ち寄るさまざまな価値観がありますが、社会が採用するのはより多数の人々が持つ価値観です。「私は違う」という少数の人ならまだしも、マジョリティーの人なら、だれしもその社会が持つ価値観を多かれ少なかれ内在しているはずです。

人のフリ見て我がフリ直せといいますが、社会のありさまを見れば自分のありようがわかると私は思います。

● 問題だらけの「問題社会」を変えるために

この本を読んでくれたみなさんならおわかりだと思いますが、私たちが住む社会（特に日本）は、たくさんの問題を抱えています。問題が集まってできている「問題社会」といってもいいかもしれません。

先日、日本がGDPで世界第4位（2023年の名目GDP）に転落したというニュースが流れました。1人当たりGDPは2022年の段階でIMFのデータがある192カ国中32位まで落ちています。経済だけを誇っていた日本が今や見る影もないさまは、社会のありようが時代にあっていないか、そもそも間違っていたかを物語っています。

たくさんの社会問題を解決し、私たちが生きやすい社会をつくるためには、社会構造を変えなければなりません。そのためには社会に住む私たち個人個人が変わる必要があります。

日本社会の最大の特徴は「変わらな

いこと」です。ジェンダーギャップに象徴されるように、かつては他の先進国とたいした違いがなかったのに、他の国々が時代に合わせて社会構造を変えるのを尻目に、日本だけが取り残されてぽつんと浦島太郎のように昔のままで残っている状況は、あらゆる分野で見られます。変わらない背景には、一部の権力者などの既得権者の頑なな抵抗があるでしょう。でも、抵抗しているのは、変わらなくてもいいと思っているのは、一部の権力者だけでしょうか？そこのところを今一度自分に問い直してみてください。

今の民主主義政治のもとで、この問題だらけの「問題社会」といってもいいような社会の根本を変えるには、人々の意思が必要です。私たち自身が内在している価値観や思い込みや常識を改め、自分も社会も変えたいという意思です。

日本は急速にオワコン化していると言われています。日本を見捨てて、海外に出る若者も増えていると言います。でも、オワコンも悪いことばかりではないでしょう。社会の衰退が進めば、既存の社会の欠陥や失敗が明らかになればなるほど、変化を余儀なくされるはずです。オワコンの今こそ、社会をつくり変えるチャンスです。そして、今こそ必要なのは、対象に深く入り込み、自分の頭で考えて、新しい価値を生み出すことのできるクリエイターだと信じています。

あなたは、今の社会をどう思いますか？

もしも今の社会に不満があるならば、どんな社会をつくりたいですか？

そのために、何ができますか？

よかったら、わたしたちの仲間になりませんか。

謝　辞

「数字とイラストで見る社会問題」シリーズは、Webメディア「チャリツモ」によって、2018年にスタートしました。社会問題を「わかりやすく」伝えるにはどうすればいいのだろう？　なんとなく難しそうで、一部の知識人にしか話されないような社会問題を、もっと身近に、みんなで気軽に話せるような話題にするには、どうすればいいのだろう？　そんなことを模索して生まれた企画でした。

　ただ、「わかりやすさ」は諸刃の剣でもあります。なぜなら、社会問題といわれるものの多くは、複雑な要因が関わっているからです。複雑さを削ぎ落としすぎると、本質的な問題が見えなくなってしまうことがあります。短絡的な見方をすることは、差別や偏見を助長するリスクもあるのです。複雑な社会を、その美しい複雑さを壊さずに、「やさしく」伝えるにはどうすればいいのか、ということを考えながら、日々コンテンツをつくっています。さまざまなジレンマを感じることもありますが、デザイナーやイラストレーターなどのクリエイティブの力を使って、チームで制作をしています。

　私たちのコンテンツを読んでくださるみなさん、フィードバックをくださるみなさん、そして一緒に頭を悩ませ、試行錯誤してコンテンツをつくってくださるクリエイターやアクティビスト、ソーシャルワーカー、ジャーナリストのみなさん、たくさんの方のサポートがあって、この本を出版することができました。関わってくださったすべてのみなさんに感謝を申し上げます。

チャリツモ

そうぞうしよう。
そうしよう。

チャリツモ

これまで遠く感じていた社会問題を、自分ごととしてとらえるきっかけを提供し続けるクリエイター集団。「そうぞうしよう。そうしよう」がキャッチコピー。本書のベースとなっているWEBサイト「チャリツモ」をはじめ、10代の若者が抱える性のモヤモヤにこたえる「セイシル」（運営会社はTENGAヘルスケア）や「日本財団 Instagram」など、WEBメディアを中心にさまざまな媒体の運営に携わっている。

HP：https://charitsumo.com/

執　　筆　船川諒、伴優香子、日下部智海、小林大介
イラスト　にしぼりみほこ、近安夏海、黒木泰貴

大人も子どもも知らない

不都合な数字

2024年 3月 22日　初版発行

著　者	チャリツモ
発行者	太田宏
発行所	フォレスト出版株式会社
	〒162-0824
	東京都新宿区揚場町2-18白宝ビル7F
電　話	03-5229-5750（営業）
	03-5229-5757（編集）
URL	http://www.forestpub.co.jp
印刷・製本	中央精版印刷株式会社